KB133225

일빵빵 + 왕초보 중국어 2

**일빵빵 +
왕초보 중국어 2**

2016년 6월 1일 초판 제1쇄 발행

저 자 | 일빵빵어학연구소
감 수 | 샤오잉 (인하대학교 교수)
펴 낸 곳 | 토마토출판사
표 지 | 엄인경
본 문 | 윤연경
주 소 | 서울 강남구 신사동 554-3 2F
T E L | 02) 1544-5383
홈페이지 | www.tomato2u.co.kr
등 록 | 2012. 1. 1.

일빵빵 왕초보 中國語

2

토마토
출판사

일빵빵
왕초보중국어는

- 인터넷과 스마트폰으로
언제, 어디서나 쉽게 공부할 수 있습니다.

- 일빵빵 왕초보 중국어는 초보자의 눈높이에 딱 맞는 난이도로,
꼭 필요한 내용들을 골라 구성하였습니다.

- 가장 기본적인 발음부터 문법, 회화까지
중국어의 기본기를 확실히 다질 수 있습니다.

이제, **일빵빵**과 함께
중국어의 첫걸음을 내딛어 보세요!

일빵빵의 모든 강의는
팟캐스트를 통해 무료로 들을 수 있습니다.

■ 강의 듣는 법

 인터넷 검색창에서 일빵빵 을 검색한 후,
"일빵빵닷컴(www.일빵빵.com)" 사이트를 클릭한다.

 스마트폰의 앱스토어 또는 플레이스토어에서
"일빵빵"을 검색한 후,
"Let's 일빵빵" 앱을 설치한다.

 컴퓨터나 스마트폰의 iTunes 앱에서 "일빵빵"을 검색한다.

▶ 일빵빵 공식 페이스북 https://www.facebook.com/ilbangbang

목차 | 일빵빵 왕초보 중국어 2
부정문 & 의문문 문장

중국어 부정문
연습하기

일 빵 빵 왕 초 보 중 국 어

21강

나는 ~하지 않는다

**문장
구조**

我 + 不 + 동사
나는　　　아니다
Wǒ　　　bù

중국어의 일반 동사 문장에서 부정의 의미를 나타낼 때에는 동사 앞에 '不(bù)'를 씁니다.

예문　我不是学生。Wǒ bú shì xuésheng. (나는 학생이 아니다.)

'不'의 성조는 기본적으로 4성이지만, 뒤에 오는 단어가 4성일 때에는 2성으로 발음합니다. 성조에 주의하면서 발음을 연습합시다.

1성, 2성, 3성 앞에서는 4성으로	1성 - 不听　bù tīng (듣지 않는다) 2성 - 不来　bù lái　(오지 않는다) 3성 - 不写　bù xiě (쓰지 않는다)
4성 앞에서는 2성으로	4성 - 不是　bú shì (~가 아니다)

不	~하지 않다	说	말하다
bù		shuō	

买	사다
mǎi	

我 Wǒ	+ 不 bù	+	听 tīng	듣지 않는다
			说 shuō	말하지 않는다
			来 lái	오지 않는다
			喜欢 xǐhuan	좋아하지 않는다
			买 mǎi	사지 않는다
我 Wǒ	+ 不 bú	+	是 shì	~이 아니다
			去 qù	가지 않는다
			在 zài	~에 있지 않다
			看 kàn	보지 않는다
			爱 ài	사랑하지 않는다

문장듣고따라하기

我听
Wǒ tīng   나는 듣는다

我**不**听
Wǒ bù tīng   나는 듣지 않는다

我说
Wǒ shuō   나는 말한다

我**不**说
Wǒ bù shuō   나는 말하지 않는다

我来
Wǒ lái   나는 온다

我**不**来
Wǒ bù lái   나는 오지 않는다

我喜欢
Wǒ xǐhuan   나는 좋아한다

我**不**喜欢
Wǒ bù xǐhuan   나는 좋아하지 않는다

我买
Wǒ mǎi   나는 산다

我**不**买
Wǒ bù mǎi   나는 사지 않는다

我是
Wǒ shì　　　　나는 ~이다

我**不**是
Wǒ bú shì　　　나는 ~이 아니다

我去
Wǒ qù　　　　나는 간다

我**不**去
Wǒ bú qù　　　나는 가지 않는다

我在
Wǒ zài　　　　나는 ~에 있다

我**不**在
Wǒ bú zài　　　나는 ~에 있지 않다

我看
Wǒ kàn　　　　나는 본다

我**不**看
Wǒ bú kàn　　　나는 보지 않는다

我爱
Wǒ ài　　　　나는 사랑한다

我**不**爱
Wǒ bú ài　　　나는 사랑하지 않는다

배운 문장 **연습**하기

빈칸에 우리말 뜻에 맞는 중국어 문장과 발음을 써 보고,
소리 내어 읽으면서 연습해 보세요.

01 나는 듣는다

문장
쓰기

발음
쓰기 [   ]

02 나는 듣지 않는다

[   ]

03 나는 말한다

[   ]

04 나는 말하지 않는다

[   ]

05 나는 온다

[   ]

06 나는 오지 않는다

문장
쓰기

발음
쓰기 [   ]

07 나는 좋아한다

[   ]

08 나는 좋아하지 않는다

[   ]

09 나는 산다

[   ]

10 나는 사지 않는다

[   ]

15

01 나는 듣는다

문장
쓰기
我听

발음
쓰기
[Wǒ tīng]

02 나는 듣지 않는다

我不听

[Wǒ bù tīng]

03 나는 말한다

我说

[Wǒ shuō]

04 나는 말하지 않는다

我不说

[Wǒ bù shuō]

05 나는 온다

我来

[Wǒ lái]

06 나는 오지 않는다

문장 쓰기 我不来

발음 쓰기 [Wǒ bù lái]

07 나는 좋아한다

我喜欢

[Wǒ xǐhuan]

08 나는 좋아하지 않는다

我不喜欢

[Wǒ bù xǐhuan]

09 나는 산다

我买

[Wǒ mǎi]

10 나는 사지 않는다

我不买

[Wǒ bù mǎi]

11 나는 ~이다

문장
쓰기

발음
쓰기 [   ]

12 나는 ~이 아니다

[   ]

13 나는 간다

[   ]

14 나는 가지 않는다

[   ]

15 나는 ~에 있다

[   ]

16 나는 ~에 있지 않다

문장
쓰기

발음
쓰기 [   ]

17 나는 본다

[   ]

18 나는 보지 않는다

[   ]

19 나는 사랑한다

[   ]

20 나는 사랑하지 않는다

[   ]

11 나는 ~이다

문장
쓰기 我是

발음
쓰기 [Wǒ shì]

12 나는 ~이 아니다

我不是

[Wǒ bú shì]

13 나는 간다

我去

[Wǒ qù]

14 나는 가지 않는다

我不去

[Wǒ bú qù]

15 나는 ~에 있다

我在

[Wǒ zài]

16 나는 ~에 있지 않다

문장
쓰기
我不在

발음
쓰기
[Wǒ bú zài   ]

17 나는 본다

我看

[Wǒ kàn   ]

18 나는 보지 않는다

我不看

[Wǒ bú kàn   ]

19 나는 사랑한다

我爱

[Wǒ ài   ]

20 나는 사랑하지 않는다

我不爱

[Wǒ bú ài   ]

22강 나는 학생이 아니다

문장 구조

我 + 不 + 是 + ☐
나는　　아니다　　~이다
Wǒ　　bú　　shì

学生	학생	老师	선생님
xuésheng		lǎoshī	
医生	의사	画家	화가
yīshēng		huàjiā	
护士	간호사	雨伞	우산
hùshi		yǔsǎn	
桌子	탁자	本子	공책
zhuōzi		běnzi	
词典	사전	画儿	그림
cídiǎn		huàr	

我	+	不是	+	学生	학생이 아니다
Wǒ		bú shì		xuésheng	
				老师	선생님이 아니다
				lǎoshī	
				医生	의사가 아니다
				yīshēng	
				画家	화가가 아니다
				huàjiā	
				护士	간호사가 아니다
				hùshi	

这	+	不是	+	雨伞	우산이 아니다
Zhè		bú shì		yǔsǎn	
那				桌子	탁자가 아니다
Nà				zhuōzi	
				本子	공책이 아니다
				běnzi	
				词典	사전이 아니다
				cídiǎn	
				画儿	그림이 아니다
				huàr	

문장듣고따라하기

我是学生。
Wǒ shì xuésheng.　　　나는 학생이다.

我**不**是学生。
Wǒ bú shì xuésheng.　　나는 학생이 아니다.

我是老师。
Wǒ shì lǎoshī.　　　나는 선생님이다.

我**不**是老师。
Wǒ bú shì lǎoshī.　　나는 선생님이 아니다.

我是医生。
Wǒ shì yīshēng.　　　나는 의사이다.

我**不**是医生。
Wǒ bú shì yīshēng.　　나는 의사가 아니다.

我是画家。
Wǒ shì huàjiā.　　　나는 화가이다.

我**不**是画家。
Wǒ bú shì huàjiā.　　나는 화가가 아니다.

我是护士。
Wǒ shì hùshi.　　　나는 간호사이다.

我**不**是护士。
Wǒ bú shì hùshi.　　나는 간호사가 아니다.

这是雨伞。
Zhè shì yǔsǎn.　　　　　　　　이것은 우산이다.

这**不**是雨伞。
Zhè bú shì yǔsǎn.　　　　　　　이것은 우산이 아니다.

这是桌子。
Zhè shì zhuōzi.　　　　　　　　이것은 탁자이다.

这**不**是桌子。
Zhè bú shì zhuōzi.　　　　　　　이것은 탁자가 아니다.

这是本子。
Zhè shì běnzi.　　　　　　　　　이것은 공책이다.

这**不**是本子。
Zhè bú shì běnzi.　　　　　　　이것은 공책이 아니다.

那是词典。
Nà shì cídiǎn.　　　　　　　　　그것은 사전이다.

那**不**是词典。
Nà bú shì cídiǎn.　　　　　　　그것은 사전이 아니다.

那是画儿。
Nà shì huàr.　　　　　　　　　　그것은 그림이다.

那**不**是画儿。
Nà bú shì huàr.　　　　　　　　그것은 그림이 아니다.

배운 문장 연습하기

빈칸에 우리말 뜻에 맞는 중국어 문장과 발음을 써 보고,
소리 내어 읽으면서 연습해 보세요.

01 나는 학생이다.

문장
쓰기

발음
쓰기 [   ]

02 나는 학생이 아니다.

[   ]

03 나는 선생님이다.

[   ]

04 나는 선생님이 아니다.

[   ]

05 나는 의사이다.

[   ]

나는 의사가 아니다.

[   ]

나는 화가이다.

[   ]

나는 화가가 아니다.

[   ]

나는 간호사이다.

[   ]

나는 간호사가 아니다.

[   ]

01 나는 학생이다.

문장
쓰기　我是学生。

발음
쓰기　[Wǒ shì xuésheng.]

02 나는 학생이 아니다.

我不是学生。

[Wǒ bú shì xuésheng.]

03 나는 선생님이다.

我是老师。

[Wǒ shì lǎoshī.]

04 나는 선생님이 아니다.

我不是老师。

[Wǒ bú shì lǎoshī.]

05 나는 의사이다.

我是医生。

[Wǒ shì yīshēng.]

06 나는 의사가 아니다.

문장
쓰기 我不是医生。

발음
쓰기 [Wǒ bú shì yīshēng.]

07 나는 화가이다.

我是画家。

[Wǒ shì huàjiā.]

08 나는 화가가 아니다.

我不是画家。

[Wǒ bú shì huàjiā.]

09 나는 간호사이다.

我是护士。

[Wǒ shì hùshi.]

10 나는 간호사가 아니다.

我不是护士。

[Wǒ bú shì hùshi.]

11 이것은 우산이다.

문장
쓰기

발음
쓰기 [   ]

12 이것은 우산이 아니다.

[   ]

13 이것은 탁자이다.

[   ]

14 이것은 탁자가 아니다.

[   ]

15 이것은 공책이다.

[   ]

16 이것은 공책이 아니다.

문장
쓰기

발음
쓰기 [   ]

17 그것은 사전이다.

[   ]

18 그것은 사전이 아니다.

[   ]

19 그것은 그림이다.

[   ]

20 그것은 그림이 아니다.

[   ]

11 이것은 우산이다.

문장
쓰기 这是雨伞。

발음
쓰기 [Zhè shì yǔsǎn.]

12 이것은 우산이 아니다.

这不是雨伞。

[Zhè bú shì yǔsǎn.]

13 이것은 탁자이다.

这是桌子。

[Zhè shì zhuōzi.]

14 이것은 탁자가 아니다.

这不是桌子。

[Zhè bú shì zhuōzi.]

15 이것은 공책이다.

这是本子。

[Zhè shì běnzi.]

16 이것은 공책이 아니다.

문장
쓰기 这不是本子。

발음
쓰기 [Zhè bú shì běnzi.]

17 그것은 사전이다.

那是词典。

[Nà shì cídiǎn.]

18 그것은 사전이 아니다.

那不是词典。

[Nà bú shì cídiǎn.]

19 그것은 그림이다.

那是画儿。

[Nà shì huàr.]

20 그것은 그림이 아니다.

那不是画儿。

[Nà bú shì huàr.]

23강

너는 한국에 오지 않는다
나는 여행 가지 않는다

문장구조

你 + 不 + 来 + ☐
너는　아니다　오다
Nǐ　　bù　　lái

我 + 不 + 去 + ☐
나는　아니다　가다
Wǒ　　bú　　qù

韩国	한국	中国	중국
Hánguó		Zhōngguó	

美国	미국	首尔	서울
Měiguó		Shǒu'ěr	

北京	베이징	旅游	여행
Běijīng		lǚyóu	

学校	학교	图书馆	도서관
xuéxiào		túshūguǎn	

市场	시장	超市	슈퍼마켓
shìchǎng		chāoshì	

你 + 不来 + 韩国　　한국에 오지 않는다
Nǐ　bù lái　Hánguó

中国　　중국에 오지 않는다
Zhōngguó

美国　　미국에 오지 않는다
Měiguó

首尔　　서울에 오지 않는다
Shǒu'ěr

北京　　베이징에 오지 않는다
Běijīng

我 + 不去 + 旅游　　여행 가지 않는다
Wǒ　bú qù　lǚyóu

学校　　학교에 가지 않는다
xuéxiào

图书馆　　도서관에 가지 않는다
túshūguǎn

市场　　시장에 가지 않는다
shìchǎng

超市　　슈퍼마켓에 가지 않는다
chāoshì

문장듣고따라하기

你来韩国。
Nǐ lái Hánguó.　　　　　　너는 한국에 온다.

你不来韩国。
Nǐ bù lái Hánguó.　　　　너는 한국에 오지 않는다.

你来中国。
Nǐ lái Zhōngguó.　　　　　너는 중국에 온다.

你不来中国。
Nǐ bù lái Zhōngguó.　　　너는 중국에 오지 않는다.

你来美国。
Nǐ lái Měiguó.　　　　　　너는 미국에 온다.

你不来美国。
Nǐ bù lái Měiguó.　　　　너는 미국에 오지 않는다.

你来首尔。
Nǐ lái Shǒu'ěr.　　　　　너는 서울에 온다.

你不来首尔。
Nǐ bù lái Shǒu'ěr.　　　너는 서울에 오지 않는다.

你来北京。
Nǐ lái Běijīng.　　　　　　너는 베이징에 온다.

你不来北京。
Nǐ bù lái Běijīng.　　　　너는 베이징에 오지 않는다.

我去旅游。
Wǒ qù lǚyóu.　　　　　　나는 여행 간다.

我**不**去旅游。
Wǒ bú qù lǚyóu.　　　　　나는 여행 가지 않는다.

我去学校。
Wǒ qù xuéxiào.　　　　　나는 학교에 간다.

我**不**去学校。
Wǒ bú qù xuéxiào.　　　　나는 학교에 가지 않는다.

我去图书馆。
Wǒ qù túshūguǎn.　　　　나는 도서관에 간다.

我**不**去图书馆。
Wǒ bú qù túshūguǎn.　　　나는 도서관에 가지 않는다.

我去市场。
Wǒ qù shìchǎng.　　　　　나는 시장에 간다.

我**不**去市场。
Wǒ bú qù shìchǎng.　　　　나는 시장에 가지 않는다.

我去超市。
Wǒ qù chāoshì.　　　　　나는 슈퍼마켓에 간다.

我**不**去超市。
Wǒ bú qù chāoshì.　　　　나는 슈퍼마켓에 가지 않는다.

배운 문장 **연습**하기

빈칸에 우리말 뜻에 맞는 중국어 문장과 발음을 써 보고,
소리 내어 읽으면서 연습해 보세요.

01 너는 한국에 온다.

문장
쓰기

발음
쓰기 [   ]

02 너는 한국에 오지 않는다.

[   ]

03 너는 중국에 온다.

[   ]

04 너는 중국에 오지 않는다.

[   ]

05 너는 미국에 온다.

[   ]

06 너는 미국에 오지 않는다.

문장
쓰기

발음
쓰기 [   ]

07 너는 서울에 온다.

[   ]

08 너는 서울에 오지 않는다.

[   ]

09 너는 베이징에 온다.

[   ]

10 너는 베이징에 오지 않는다.

[   ]

01 너는 한국에 온다.

문장
쓰기 **你来韩国。**

발음
쓰기 [Nǐ lái Hánguó.]

02 너는 한국에 오지 않는다.

你不来韩国。

[Nǐ bù lái Hánguó.]

03 너는 중국에 온다.

你来中国。

[Nǐ lái Zhōngguó.]

04 너는 중국에 오지 않는다.

你不来中国。

[Nǐ bù lái Zhōngguó.]

05 너는 미국에 온다.

你来美国。

[Nǐ lái Měiguó.]

06 너는 미국에 오지 않는다.

문장
쓰기 你不来美国。

발음
쓰기 [Nǐ bù lái Měiguó.]

07 너는 서울에 온다.

你来首尔。

[Nǐ lái Shǒu'ěr.]

08 너는 서울에 오지 않는다.

你不来首尔。

[Nǐ bù lái Shǒu'ěr.]

09 너는 베이징에 온다.

你来北京。

[Nǐ lái Běijīng.]

10 너는 베이징에 오지 않는다.

你不来北京。

[Nǐ bù lái Běijīng.]

11 나는 여행 간다.

문장
쓰기

발음
쓰기 [   ]

12 나는 여행 가지 않는다.

[   ]

13 나는 학교에 간다.

[   ]

14 나는 학교에 가지 않는다.

[   ]

15 나는 도서관에 간다.

[   ]

16 나는 도서관에 가지 않는다.

문장
쓰기

발음
쓰기 [   ]

17 나는 시장에 간다.

[   ]

18 나는 시장에 가지 않는다.

[   ]

19 나는 슈퍼마켓에 간다.

[   ]

20 나는 슈퍼마켓에 가지 않는다.

[   ]

11 나는 여행 간다.

문장
쓰기

我去旅游。

발음
쓰기

[Wǒ qù lǚyóu.]

12 나는 여행 가지 않는다.

我不去旅游。

[Wǒ bú qù lǚyóu.]

13 나는 학교에 간다.

我去学校。

[Wǒ qù xuéxiào.]

14 나는 학교에 가지 않는다.

我不去学校。

[Wǒ bú qù xuéxiào.]

15 나는 도서관에 간다.

我去图书馆。

[Wǒ qù túshūguǎn.]

16 나는 도서관에 가지 않는다.

문장
쓰기 我不去图书馆。

발음
쓰기 [Wǒ bú qù túshūguǎn.]

17 나는 시장에 간다.

我去市场。

[Wǒ qù shìchǎng.]

18 나는 시장에 가지 않는다.

我不去市场。

[Wǒ bú qù shìchǎng.]

19 나는 슈퍼마켓에 간다.

我去超市。

[Wǒ qù chāoshì.]

20 나는 슈퍼마켓에 가지 않는다.

我不去超市。

[Wǒ bú qù chāoshì.]

24강 나는 집에 있지 않다

문장
구조

我 + 不 + 在 + □
나는   아니다 ~에 있다
Wǒ   bú   zài

家	집	外边	밖
jiā		wàibian	
宿舍	기숙사	办公室	사무실
sùshè		bàngōngshì	
公司	회사	地铁站	지하철역
gōngsī		dìtiězhàn	
公园	공원	动物园	동물원
gōngyuán		dòngwùyuán	
咖啡厅	카페	餐厅	음식점
kāfēitīng		cāntīng	

我 Wǒ	+ 不在 bú zài	+ 家 jiā	집에 있지 않다
		外边 wàibian	밖에 있지 않다
		宿舍 sùshè	기숙사에 있지 않다
		办公室 bàngōngshì	사무실에 있지 않다
		公司 gōngsī	회사에 있지 않다
		地铁站 dìtiězhàn	지하철역에 있지 않다
		公园 gōngyuán	공원에 있지 않다
		动物园 dòngwùyuán	동물원에 있지 않다
		咖啡厅 kāfēitīng	카페에 있지 않다
		餐厅 cāntīng	음식점에 있지 않다

문장듣고따라하기

我在家。
Wǒ zài jiā.　　　　　　　나는 집에 있다.

我不在家。
Wǒ bú zài jiā.　　　　　나는 집에 있지 않다.

我在外边。
Wǒ zài wàibian.　　　　나는 밖에 있다.

我不在外边。
Wǒ bú zài wàibian.　　나는 밖에 있지 않다.

我在宿舍。
Wǒ zài sùshè.　　　　　나는 기숙사에 있다.

我不在宿舍。
Wǒ bú zài sùshè.　　　나는 기숙사에 있지 않다.

我在办公室。
Wǒ zài bàngōngshì.　　나는 사무실에 있다.

我不在办公室。
Wǒ bú zài bàngōngshì.　나는 사무실에 있지 않다.

我在公司。
Wǒ zài gōngsī.　　　　　나는 회사에 있다.

我不在公司。
Wǒ bú zài gōngsī.　　　나는 회사에 있지 않다.

我在地铁站。
Wǒ zài dìtiězhàn. 나는 지하철역에 있다.
我不在地铁站。
Wǒ bú zài dìtiězhàn. 나는 지하철역에 있지 않다.

我在公园。
Wǒ zài gōngyuán. 나는 공원에 있다.
我不在公园。
Wǒ bú zài gōngyuán. 나는 공원에 있지 않다.

我在动物园。
Wǒ zài dòngwùyuán. 나는 동물원에 있다.
我不在动物园。
Wǒ bú zài dòngwùyuán. 나는 동물원에 있지 않다.

我在咖啡厅。
Wǒ zài kāfēitīng. 나는 카페에 있다.
我不在咖啡厅。
Wǒ bú zài kāfēitīng. 나는 카페에 있지 않다.

我在餐厅。
Wǒ zài cāntīng. 나는 음식점에 있다.
我不在餐厅。
Wǒ bú zài cāntīng. 나는 음식점에 있지 않다.

배운 문장 **연습**하기

빈칸에 우리말 뜻에 맞는 중국어 문장과 발음을 써 보고,
소리 내어 읽으면서 연습해 보세요.

01 나는 집에 있다.

문장
쓰기

발음
쓰기 [   ]

02 나는 집에 있지 않다.

[   ]

03 나는 밖에 있다.

[   ]

04 나는 밖에 있지 않다.

[   ]

05 나는 기숙사에 있다.

[   ]

06 나는 기숙사에 있지 않다.

문장
쓰기

발음
쓰기 [   ]

07 나는 사무실에 있다.

[   ]

08 나는 사무실에 있지 않다.

[   ]

09 나는 회사에 있다.

[   ]

10 나는 회사에 있지 않다.

[   ]

01 나는 집에 있다.

문장
쓰기
我在家。

발음
쓰기
[Wǒ zài jiā.]

02 나는 집에 있지 않다.

我不在家。

[Wǒ bú zài jiā.]

03 나는 밖에 있다.

我在外边。

[Wǒ zài wàibian.]

04 나는 밖에 있지 않다.

我不在外边。

[Wǒ bú zài wàibian.]

05 나는 기숙사에 있다.

我在宿舍。

[Wǒ zài sùshè.]

06 나는 기숙사에 있지 않다.

我不在宿舍。

[Wǒ bú zài sùshè.]

07 나는 사무실에 있다.

我在办公室。

[Wǒ zài bàngōngshì.]

08 나는 사무실에 있지 않다.

我不在办公室。

[Wǒ bú zài bàngōngshì.]

09 나는 회사에 있다.

我在公司。

[Wǒ zài gōngsī.]

10 나는 회사에 있지 않다.

我不在公司。

[Wǒ bú zài gōngsī.]

11 나는 지하철역에 있다.

문장
쓰기

발음
쓰기 [   ]

12 나는 지하철역에 있지 않다.

[   ]

13 나는 공원에 있다.

[   ]

14 나는 공원에 있지 않다.

[   ]

15 나는 동물원에 있다.

[   ]

16 나는 동물원에 있지 않다.

문장
쓰기

발음
쓰기 [   ]

17 나는 카페에 있다.

[   ]

18 나는 카페에 있지 않다.

[   ]

19 나는 음식점에 있다.

[   ]

20 나는 음식점에 있지 않다.

[   ]

11 나는 지하철역에 있다.

문장
쓰기 我在地铁站。

발음
쓰기 [Wǒ zài dìtiězhàn.]

12 나는 지하철역에 있지 않다.

我不在地铁站。

[Wǒ bú zài dìtiězhàn.]

13 나는 공원에 있다.

我在公园。

[Wǒ zài gōngyuán.]

14 나는 공원에 있지 않다.

我不在公园。

[Wǒ bú zài gōngyuán.]

15 나는 동물원에 있다.

我在动物园。

[Wǒ zài dòngwùyuán.]

16 나는 동물원에 있지 않다.

문장
쓰기 我不在动物园。

발음
쓰기 [Wǒ bú zài dòngwùyuán.]

17 나는 카페에 있다.

我在咖啡厅。

[Wǒ zài kāfēitīng.]

18 나는 카페에 있지 않다.

我不在咖啡厅。

[Wǒ bú zài kāfēitīng.]

19 나는 음식점에 있다.

我在餐厅。

[Wǒ zài cāntīng.]

20 나는 음식점에 있지 않다.

我不在餐厅。

[Wǒ bú zài cāntīng.]

25강

나는 책을 보지 않는다
나는 음악을 듣지 않는다

문장구조

我 + 不 + 看 + ☐
나는　아니다　보다
Wǒ　bú　kàn

我 + 不 + 听 + ☐
나는　아니다　듣다
Wǒ　bù　tīng

书	책	报纸	신문
shū		bàozhǐ	
电影	영화	电视	텔레비전
diànyǐng		diànshì	
电视剧	드라마	杂志	잡지
diànshìjù		zázhì	
音乐	음악	外国音乐	외국 음악
yīnyuè		wàiguó yīnyuè	
课	수업	数学课	수학 수업
kè		shùxué kè	

我 Wǒ	+ 不看 + bú kàn	书 shū	책을 보지 않는다
		报纸 bàozhǐ	신문을 보지 않는다
		电影 diànyǐng	영화를 보지 않는다
		电视 diànshì	텔레비전을 보지 않는다
		电视剧 diànshìjù	드라마를 보지 않는다
		杂志 zázhì	잡지를 보지 않는다
我 Wǒ	+ 不听 + bù tīng	音乐 yīnyuè	음악을 듣지 않는다
		外国音乐 wàiguó yīnyuè	외국 음악을 듣지 않는다
		课 kè	수업을 듣지 않는다
		数学课 shùxué kè	수학 수업을 듣지 않는다

문장듣고따라하기

我看书。
Wǒ kàn shū.　　　　　　나는 책을 본다.

我**不**看书。
Wǒ bú kàn shū.　　　　　나는 책을 보지 않는다.

我看报纸。
Wǒ kàn bàozhǐ.　　　　　나는 신문을 본다.

我**不**看报纸。
Wǒ bú kàn bàozhǐ.　　　　나는 신문을 보지 않는다.

我看电影。
Wǒ kàn diànyǐng.　　　　나는 영화를 본다.

我**不**看电影。
Wǒ bú kàn diànyǐng.　　　나는 영화를 보지 않는다.

我看电视。
Wǒ kàn diànshì.　　　　　나는 텔레비전을 본다.

我**不**看电视。
Wǒ bú kàn diànshì.　　　　나는 텔레비전을 보지 않는다.

我看电视剧。
Wǒ kàn diànshìjù.　　　　나는 드라마를 본다.

我**不**看电视剧。
Wǒ bú kàn diànshìjù.　　　　나는 드라마를 보지 않는다.

我看杂志。
Wǒ kàn zázhì.　　　　　　　　나는 잡지를 본다.

我**不**看杂志。
Wǒ bú kàn zázhì.　　　　　　　나는 잡지를 보지 않는다.

我听音乐。
Wǒ tīng yīnyuè.　　　　　　　나는 음악을 듣는다.

我**不**听音乐。
Wǒ bù tīng yīnyuè.　　　　　　나는 음악을 듣지 않는다.

我听外国音乐。
Wǒ tīng wàiguó yīnyuè.　　　　나는 외국 음악을 듣는다.

我**不**听外国音乐。
Wǒ bù tīng wàiguó yīnyuè.　　　나는 외국 음악을 듣지 않는다.

我听课。
Wǒ tīng kè.　　　　　　　　　나는 수업을 듣는다.

我**不**听课。
Wǒ bù tīng kè.　　　　　　　　나는 수업을 듣지 않는다.

我听数学课。
Wǒ tīng shùxué kè.　　　　　　나는 수학 수업을 듣는다.

我**不**听数学课。
Wǒ bù tīng shùxué kè.　　　　　나는 수학 수업을 듣지 않는다.

배운 문장 **연습**하기

빈칸에 우리말 뜻에 맞는 중국어 문장과 발음을 써 보고,
소리 내어 읽으면서 연습해 보세요.

01 나는 책을 본다.

문장
쓰기

발음
쓰기 [   ]

02 나는 책을 보지 않는다.

[   ]

03 나는 신문을 본다.

[   ]

04 나는 신문을 보지 않는다.

[   ]

05 나는 영화를 본다.

[   ]

06 나는 영화를 보지 않는다.

문장
쓰기

발음
쓰기 [   ]

07 나는 텔레비전을 본다.

[   ]

08 나는 텔레비전을 보지 않는다.

[   ]

09 나는 드라마를 본다.

[   ]

10 나는 드라마를 보지 않는다.

[   ]

63

01 나는 책을 본다.

문장쓰기 我看书。

발음쓰기 [Wǒ kàn shū.]

02 나는 책을 보지 않는다.

我不看书。

[Wǒ bú kàn shū.]

03 나는 신문을 본다.

我看报纸。

[Wǒ kàn bàozhǐ.]

04 나는 신문을 보지 않는다.

我不看报纸。

[Wǒ bú kàn bàozhǐ.]

05 나는 영화를 본다.

我看电影。

[Wǒ kàn diànyǐng.]

06 나는 영화를 보지 않는다.

문장
쓰기 我不看电影。

발음
쓰기 [Wǒ bú kàn diànyǐng.]

07 나는 텔레비전을 본다.

我看电视。

[Wǒ kàn diànshì.]

08 나는 텔레비전을 보지 않는다.

我不看电视。

[Wǒ bú kàn diànshì.]

09 나는 드라마를 본다.

我看电视剧。

[Wǒ kàn diànshìjù.]

10 나는 드라마를 보지 않는다.

我不看电视剧。

[Wǒ bú kàn diànshìjù.]

11 나는 잡지를 본다.

문장
쓰기

발음
쓰기 [   ]

12 나는 잡지를 보지 않는다.

[   ]

13 나는 음악을 듣는다.

[   ]

14 나는 음악을 듣지 않는다.

[   ]

15 나는 외국 음악을 듣는다.

[   ]

16 나는 외국 음악을 듣지 않는다.

문장
쓰기

발음
쓰기 [   ]

17 나는 수업을 듣는다.

[   ]

18 나는 수업을 듣지 않는다.

[   ]

19 나는 수학 수업을 듣는다.

[   ]

20 나는 수학 수업을 듣지 않는다.

[   ]

11 나는 잡지를 본다.

문장
쓰기 我看杂志。

발음
쓰기 [Wǒ kàn zázhì.　　　　　　　　　　　　　　　]

12 나는 잡지를 보지 않는다.

我不看杂志。

[Wǒ bú kàn zázhì.　　　　　　　　　　　　　　]

13 나는 음악을 듣는다.

我听音乐。

[Wǒ tīng yīnyuè.　　　　　　　　　　　　　　]

14 나는 음악을 듣지 않는다.

我不听音乐。

[Wǒ bù tīng yīnyuè.　　　　　　　　　　　　　]

15 나는 외국 음악을 듣는다.

我听外国音乐。

[Wǒ tīng wàiguó yīnyuè.　　　　　　　　　　　]

16 나는 외국 음악을 듣지 않는다.

문장
쓰기

我不听外国音乐。

발음
쓰기 [Wǒ bù tīng wàiguó yīnyuè.]

17 나는 수업을 듣는다.

我听课。

[Wǒ tīng kè.]

18 나는 수업을 듣지 않는다.

我不听课。

[Wǒ bù tīng kè.]

19 나는 수학 수업을 듣는다.

我听数学课。

[Wǒ tīng shùxué kè.]

20 나는 수학 수업을 듣지 않는다.

我不听数学课。

[Wǒ bù tīng shùxué kè.]

26강 나는 친구가 없다

문장
구조

我 **+** 没有 **+** ☐

나는　　　　없다

Wǒ　　　　méiyǒu

朋友	친구	男朋友	남자 친구
péngyou		nánpéngyou	
女朋友	여자 친구	钱	돈
nǚpéngyou		qián	
家人	가족	儿子	아들
jiārén		érzi	
女儿	딸	时间	시간
nǚ'ér		shíjiān	
行李	짐	护照	여권
xíngli		hùzhào	

我 + 没有 +		
Wǒ méiyǒu	朋友 péngyou	친구가 없다
	男朋友 nánpéngyou	남자 친구가 없다
	女朋友 nǔpéngyou	여자 친구가 없다
	钱 qián	돈이 없다
	家人 jiārén	가족이 없다
	儿子 érzi	아들이 없다
	女儿 nǔér	딸이 없다
	时间 shíjiān	시간이 없다
	行李 xíngli	짐이 없다
	护照 hùzhào	여권이 없다

문장듣고따라하기

我有朋友。
Wǒ yǒu péngyou.   나는 친구가 있다.

我没有朋友。
Wǒ méiyǒu péngyou.   나는 친구가 없다.

我有男朋友。
Wǒ yǒu nánpéngyou.   나는 남자 친구가 있다.

我没有男朋友。
Wǒ méiyǒu nánpéngyou.   나는 남자 친구가 없다.

我有女朋友。
Wǒ yǒu nǚpéngyou.   나는 여자 친구가 있다.

我没有女朋友。
Wǒ méiyǒu nǚpéngyou.   나는 여자 친구가 없다.

我有钱。
Wǒ yǒu qián.   나는 돈이 있다.

我没有钱。
Wǒ méiyǒu qián.   나는 돈이 없다.

我有家人。
Wǒ yǒu jiārén.   나는 가족이 있다.

我没有家人。
Wǒ méiyǒu jiārén.   나는 가족이 없다.

我有儿子。
Wǒ yǒu érzi.　　　　　　나는 아들이 있다.

我没有儿子。
Wǒ méiyǒu érzi.　　　　　나는 아들이 없다.

我有女儿。
Wǒ yǒu nǚ'ér.　　　　　　나는 딸이 있다.

我没有女儿。
Wǒ méiyǒu nǚ'ér.　　　　나는 딸이 없다.

我有时间。
Wǒ yǒu shíjiān.　　　　　나는 시간이 있다.

我没有时间。
Wǒ méiyǒu shíjiān.　　　나는 시간이 없다.

我有行李。
Wǒ yǒu xíngli.　　　　　나는 짐이 있다.

我没有行李。
Wǒ méiyǒu xíngli.　　　나는 짐이 없다.

我有护照。
Wǒ yǒu hùzhào.　　　　나는 여권이 있다.

我没有护照。
Wǒ méiyǒu hùzhào.　　나는 여권이 없다.

배운 문장 연습하기

빈칸에 우리말 뜻에 맞는 중국어 문장과 발음을 써 보고,
소리 내어 읽으면서 연습해 보세요.

01 나는 친구가 있다.

문장
쓰기

발음
쓰기 [ ]

02 나는 친구가 없다.

[ ]

03 나는 남자 친구가 있다.

[ ]

04 나는 남자 친구가 없다.

[ ]

05 나는 여자 친구가 있다.

[ ]

나는 여자 친구가 없다.

문장
쓰기

발음
쓰기 [   ]

07   나는 돈이 있다.

[   ]

08   나는 돈이 없다.

[   ]

09   나는 가족이 있다.

[   ]

10   나는 가족이 없다.

[   ]

01 나는 친구가 있다.

문장
쓰기 我有朋友。

발음
쓰기 [Wǒ yǒu péngyou.]

02 나는 친구가 없다.

我没有朋友。

[Wǒ méiyǒu péngyou.]

03 나는 남자 친구가 있다.

我有男朋友。

[Wǒ yǒu nánpéngyou.]

04 나는 남자 친구가 없다.

我没有男朋友。

[Wǒ méiyǒu nánpéngyou.]

05 나는 여자 친구가 있다.

我有女朋友。

[Wǒ yǒu nǚpéngyou.]

06 나는 여자 친구가 없다.

문장 쓰기 我没有女朋友。

발음 쓰기 [Wǒ méiyǒu nǚpéngyou.]

07 나는 돈이 있다.

我有钱。

[Wǒ yǒu qián.]

08 나는 돈이 없다.

我没有钱。

[Wǒ méiyǒu qián.]

09 나는 가족이 있다.

我有家人。

[Wǒ yǒu jiārén.]

10 나는 가족이 없다.

我没有家人。

[Wǒ méiyǒu jiārén.]

11 나는 아들이 있다.

문장
쓰기

발음
쓰기 [   ]

12 나는 아들이 없다.

[   ]

13 나는 딸이 있다.

[   ]

14 나는 딸이 없다.

[   ]

15 나는 시간이 있다.

[   ]

16 나는 시간이 없다.

문장
쓰기

발음
쓰기 [   ]

17 나는 짐이 있다.

[   ]

18 나는 짐이 없다.

[   ]

19 나는 여권이 있다.

[   ]

20 나는 여권이 없다.

[   ]

11 나는 아들이 있다.

문장
쓰기
我有儿子。

발음
쓰기 [Wǒ yǒu érzi.]

12 나는 아들이 없다.

我没有儿子。

[Wǒ méiyǒu érzi.]

13 나는 딸이 있다.

我有女儿。

[Wǒ yǒu nǚ'ér.]

14 나는 딸이 없다.

我没有女儿。

[Wǒ méiyǒu nǚ'ér.]

15 나는 시간이 있다.

我有时间。

[Wǒ yǒu shíjiān.]

나는 시간이 없다.

我没有时间。

[Wǒ méiyǒu shíjiān.]

17 나는 짐이 있다.

我有行李。

[Wǒ yǒu xíngli.]

18 나는 짐이 없다.

我没有行李。

[Wǒ méiyǒu xíngli.]

19 나는 여권이 있다.

我有护照。

[Wǒ yǒu hùzhào.]

20 나는 여권이 없다.

我没有护照。

[Wǒ méiyǒu hùzhào.]

27강

나는 아침밥을 먹지 않는다
나는 우유를 마시지 않는다

문장구조

我 + 不 + 吃 + ☐
나는　아니다　먹다
Wǒ　　bù　　chī

我 + 不 + 喝 + ☐
나는　아니다　마시다
Wǒ　　bù　　hē

早饭	아침밥	水果	과일
zǎofàn		shuǐguǒ	
面包	빵	巧克力	초콜릿
miànbāo		qiǎokèlì	
月饼	월병	牛奶	우유
yuèbing		niúnǎi	
咖啡	커피	可乐	콜라
kāfēi		kělè	
红茶	홍차	啤酒	맥주
hóngchá		píjiǔ	

82

我 + 不吃 +	早饭	아침밥을 먹지 않는다
Wǒ bù chī	zǎofàn	
	水果 shuǐguǒ	과일을 먹지 않는다
	面包 miànbāo	빵을 먹지 않는다
	巧克力 qiǎokèlì	초콜릿을 먹지 않는다
	月饼 yuèbing	월병을 먹지 않는다
我 + 不喝 +	牛奶	우유를 마시지 않는다
Wǒ bù hē	niúnǎi	
	咖啡 kāfēi	커피를 마시지 않는다
	可乐 kělè	콜라를 마시지 않는다
	红茶 hóngchá	홍차를 마시지 않는다
	啤酒 píjiǔ	맥주를 마시지 않는다

문장듣고따라하기

我吃早饭。
Wǒ chī zǎofàn.   나는 아침밥을 먹는다.

我不吃早饭。
Wǒ bù chī zǎofàn.   나는 아침밥을 먹지 않는다.

我吃水果。
Wǒ chī shuǐguǒ.   나는 과일을 먹는다.

我不吃水果。
Wǒ bù chī shuǐguǒ.   나는 과일을 먹지 않는다.

我吃面包。
Wǒ chī miànbāo.   나는 빵을 먹는다.

我不吃面包。
Wǒ bù chī miànbāo.   나는 빵을 먹지 않는다.

我吃巧克力。
Wǒ chī qiǎokèlì.   나는 초콜릿을 먹는다.

我不吃巧克力。
Wǒ bù chī qiǎokèlì.   나는 초콜릿을 먹지 않는다.

我吃月饼。
Wǒ chī yuèbing.   나는 월병을 먹는다.

我不吃月饼。
Wǒ bù chī yuèbing.   나는 월병을 먹지 않는다.

我喝牛奶。
Wǒ hē niúnǎi.　　　　　　나는 우유를 마신다.

我不喝牛奶。
Wǒ bù hē niúnǎi.　　　　나는 우유를 마시지 않는다.

我喝咖啡。
Wǒ hē kāfēi.　　　　　　나는 커피를 마신다.

我不喝咖啡。
Wǒ bù hē kāfēi.　　　　나는 커피를 마시지 않는다.

我喝可乐。
Wǒ hē kělè.　　　　　　나는 콜라를 마신다.

我不喝可乐。
Wǒ bù hē kělè.　　　　나는 콜라를 마시지 않는다.

我喝红茶。
Wǒ hē hóngchá.　　　　나는 홍차를 마신다.

我不喝红茶。
Wǒ bù hē hóngchá.　　　나는 홍차를 마시지 않는다.

我喝啤酒。
Wǒ hē píjiǔ.　　　　　　나는 맥주를 마신다.

我不喝啤酒。
Wǒ bù hē píjiǔ.　　　　나는 맥주를 마시지 않는다.

배운 문장 연습하기

빈칸에 우리말 뜻에 맞는 중국어 문장과 발음을 써 보고,
소리 내어 읽으면서 연습해 보세요.

01 나는 아침밥을 먹는다.

문장
쓰기

발음
쓰기 [   ]

02 나는 아침밥을 먹지 않는다.

[   ]

03 나는 과일을 먹는다.

[   ]

04 나는 과일을 먹지 않는다.

[   ]

05 나는 빵을 먹는다.

[   ]

06 나는 빵을 먹지 않는다.

문장
쓰기

발음
쓰기 [   ]

07 나는 초콜릿을 먹는다.

[   ]

08 나는 초콜릿을 먹지 않는다.

[   ]

09 나는 월병을 먹는다.

[   ]

10 나는 월병을 먹지 않는다.

[   ]

01 나는 아침밥을 먹는다.

문장
쓰기
我吃早饭。

발음
쓰기
[Wǒ chī zǎofàn.]

02 나는 아침밥을 먹지 않는다.

我不吃早饭。

[Wǒ bù chī zǎofàn.]

03 나는 과일을 먹는다.

我吃水果。

[Wǒ chī shuǐguǒ.]

04 나는 과일을 먹지 않는다.

我不吃水果。

[Wǒ bù chī shuǐguǒ.]

05 나는 빵을 먹는다.

我吃面包。

[Wǒ chī miànbāo.]

나는 빵을 먹지 않는다.

我不吃面包。

[Wǒ bù chī miànbāo.　　　　　　　　　　　　　　　]

07 나는 초콜릿을 먹는다.

我吃巧克力。

[Wǒ chī qiǎokèlì.　　　　　　　　　　　　　　　]

08 나는 초콜릿을 먹지 않는다.

我不吃巧克力。

[Wǒ bù chī qiǎokèlì.　　　　　　　　　　　　　　]

09 나는 월병을 먹는다.

我吃月饼。

[Wǒ chī yuèbing.　　　　　　　　　　　　　　　]

10 나는 월병을 먹지 않는다.

我不吃月饼。

[Wǒ bù chī yuèbing.　　　　　　　　　　　　　　]

11 나는 우유를 마신다.

문장
쓰기

발음
쓰기 [   ]

12 나는 우유를 마시지 않는다.

[   ]

13 나는 커피를 마신다.

[   ]

14 나는 커피를 마시지 않는다.

[   ]

15 나는 콜라를 마신다.

[   ]

16 나는 콜라를 마시지 않는다.

문장
쓰기

발음
쓰기 [ ]

17 나는 홍차를 마신다.

[ ]

18 나는 홍차를 마시지 않는다.

[ ]

19 나는 맥주를 마신다.

[ ]

20 나는 맥주를 마시지 않는다.

[ ]

11 나는 우유를 마신다.

문장
쓰기 我喝牛奶。

발음
쓰기 [Wǒ hē niúnǎi.　　　　　　　　　　　　　　　]

12 나는 우유를 마시지 않는다.

我不喝牛奶。

[Wǒ bù hē niúnǎi.　　　　　　　　　　　　　　]

13 나는 커피를 마신다.

我喝咖啡。

[Wǒ hē kāfēi.　　　　　　　　　　　　　　　　]

14 나는 커피를 마시지 않는다.

我不喝咖啡。

[Wǒ bù hē kāfēi.　　　　　　　　　　　　　　　]

15 나는 콜라를 마신다.

我喝可乐。

[Wǒ hē kělè.　　　　　　　　　　　　　　　　　]

16 나는 콜라를 마시지 않는다.

我不喝可乐。

[Wǒ bù hē kělè.]

17 나는 홍차를 마신다.

我喝红茶。

[Wǒ hē hóngchá.]

18 나는 홍차를 마시지 않는다.

我不喝红茶。

[Wǒ bù hē hóngchá.]

19 나는 맥주를 마신다.

我喝啤酒。

[Wǒ hē píjiǔ.]

20 나는 맥주를 마시지 않는다.

我不喝啤酒。

[Wǒ bù hē píjiǔ.]

28강

나는 동물을 좋아하지 않는다
나는 바지를 입지 않는다

문장
구조

我 + 不 + 喜欢 + ☐
나는   아니다   좋아하다
Wǒ   bù   xǐhuan

我 + 不 + 穿 + ☐
나는   아니다   입다
Wǒ   bù   chuān

动物 dòngwù	동물	猫 māo	고양이
狗 gǒu	개	夏天 xiàtiān	여름
冬天 dōngtiān	겨울	裤子 kùzi	바지
裙子 qúnzi	치마	袜子 wàzi	양말
毛衣 máoyī	스웨터	制服 zhìfú	제복

我 Wǒ	+ 不喜欢 + bù xǐhuan	动物 dòngwù	동물을 좋아하지 않는다
		猫 māo	고양이를 좋아하지 않는다
		狗 gǒu	개를 좋아하지 않는다
		夏天 xiàtiān	여름을 좋아하지 않는다
		冬天 dōngtiān	겨울을 좋아하지 않는다
我 Wǒ	+ 不穿 + bù chuān	裤子 kùzi	바지를 입지 않는다
		裙子 qúnzi	치마를 입지 않는다
		袜子 wàzi	양말을 신지 않는다
		毛衣 máoyī	스웨터를 입지 않는다
		制服 zhìfú	제복을 입지 않는다

문장듣고따라하기

我喜欢动物。
Wǒ xǐhuan dòngwù.　　　나는 동물을 좋아한다.

我不喜欢动物。
Wǒ bù xǐhuan dòngwù.　　나는 동물을 좋아하지 않는다.

我喜欢猫。
Wǒ xǐhuan māo.　　　　나는 고양이를 좋아한다.

我不喜欢猫。
Wǒ bù xǐhuan māo.　　　나는 고양이를 좋아하지 않는다.

我喜欢狗。
Wǒ xǐhuan gǒu.　　　　나는 개를 좋아한다.

我不喜欢狗。
Wǒ bù xǐhuan gǒu.　　　나는 개를 좋아하지 않는다.

我喜欢夏天。
Wǒ xǐhuan xiàtiān.　　　나는 여름을 좋아한다.

我不喜欢夏天。
Wǒ bù xǐhuan xiàtiān.　　나는 여름을 좋아하지 않는다.

我喜欢冬天。
Wǒ xǐhuan dōngtiān.　　　나는 겨울을 좋아한다.

我不喜欢冬天。
Wǒ bù xǐhuan dōngtiān.　　나는 겨울을 좋아하지 않는다.

我穿裤子。
Wǒ chuān kùzi.　　　　나는 바지를 입는다.

我不穿裤子。
Wǒ bù chuān kùzi.　　나는 바지를 입지 않는다.

我穿裙子。
Wǒ chuān qúnzi.　　　나는 치마를 입는다.

我不穿裙子。
Wǒ bù chuān qúnzi.　　나는 치마를 입지 않는다.

我穿袜子。
Wǒ chuān wàzi.　　　나는 양말을 신는다.

我不穿袜子。
Wǒ bù chuān wàzi.　　나는 양말을 신지 않는다.

我穿毛衣。
Wǒ chuān máoyī.　　　나는 스웨터를 입는다.

我不穿毛衣。
Wǒ bù chuān máoyī.　　나는 스웨터를 입지 않는다.

我穿制服。
Wǒ chuān zhìfú.　　　나는 제복을 입는다.

我不穿制服。
Wǒ bù chuān zhìfú.　　나는 제복을 입지 않는다.

배운 문장 연습하기

빈칸에 우리말 뜻에 맞는 중국어 문장과 발음을 써 보고,
소리 내어 읽으면서 연습해 보세요.

01 나는 동물을 좋아한다.

문장
쓰기

발음
쓰기 [ ]

02 나는 동물을 좋아하지 않는다.

[ ]

03 나는 고양이를 좋아한다.

[ ]

04 나는 고양이를 좋아하지 않는다.

[ ]

05 나는 개를 좋아한다.

[ ]

06   나는 개를 좋아하지 않는다.

문장
쓰기

발음
쓰기 [   ]

07   나는 여름을 좋아한다.

[   ]

08   나는 여름을 좋아하지 않는다.

[   ]

09   나는 겨울을 좋아한다.

[   ]

10   나는 겨울을 좋아하지 않는다.

[   ]

01 나는 동물을 좋아한다.

문장
쓰기 我喜欢动物。

발음
쓰기 [Wǒ xǐhuan dòngwù.   ]

02 나는 동물을 좋아하지 않는다.

我不喜欢动物。

[Wǒ bù xǐhuan dòngwù.   ]

03 나는 고양이를 좋아한다.

我喜欢猫。

[Wǒ xǐhuan māo.   ]

04 나는 고양이를 좋아하지 않는다.

我不喜欢猫。

[Wǒ bù xǐhuan māo.   ]

05 나는 개를 좋아한다.

我喜欢狗。

[Wǒ xǐhuan gǒu.   ]

06 나는 개를 좋아하지 않는다.

문장
쓰기 我不喜欢狗。

발음
쓰기 [Wǒ bù xǐhuan gǒu.]

07 나는 여름을 좋아한다.

我喜欢夏天。

[Wǒ xǐhuan xiàtiān.]

08 나는 여름을 좋아하지 않는다.

我不喜欢夏天。

[Wǒ bù xǐhuan xiàtiān.]

09 나는 겨울을 좋아한다.

我喜欢冬天。

[Wǒ xǐhuan dōngtiān.]

10 나는 겨울을 좋아하지 않는다.

我不喜欢冬天。

[Wǒ bù xǐhuan dōngtiān.]

11 나는 바지를 입는다.

_{문장 쓰기}

_{발음 쓰기} [ ]

12 나는 바지를 입지 않는다.

[ ]

13 나는 치마를 입는다.

[ ]

14 나는 치마를 입지 않는다.

[ ]

15 나는 양말을 신는다.

[ ]

16 나는 양말을 신지 않는다.

문장
쓰기

발음
쓰기 [   ]

17 나는 스웨터를 입는다.

[   ]

18 나는 스웨터를 입지 않는다.

[   ]

19 나는 제복을 입는다.

[   ]

20 나는 제복을 입지 않는다.

[   ]

103

11 나는 바지를 입는다.

문장
쓰기 我穿裤子。

발음
쓰기 [Wǒ chuān kùzi.]

12 나는 바지를 입지 않는다.

我不穿裤子。

[Wǒ bù chuān kùzi.]

13 나는 치마를 입는다.

我穿裙子。

[Wǒ chuān qúnzi.]

14 나는 치마를 입지 않는다.

我不穿裙子。

[Wǒ bù chuān qúnzi.]

15 나는 양말을 신는다.

我穿袜子。

[Wǒ chuān wàzi.]

16 나는 양말을 신지 않는다.

문장
쓰기 我不穿袜子。

발음
쓰기 [Wǒ bù chuān wàzi.]

17 나는 스웨터를 입는다.

我穿毛衣。

[Wǒ chuān máoyī.]

18 나는 스웨터를 입지 않는다.

我不穿毛衣。

[Wǒ bù chuān máoyī.]

19 나는 제복을 입는다.

我穿制服。

[Wǒ chuān zhìfú.]

20 나는 제복을 입지 않는다.

我不穿制服。

[Wǒ bù chuān zhìfú.]

29강

나는 일본어를 배우지 않는다
나는 손목시계를 사지 않는다

문장구조

我 + 不 + 学 + [　　]
나는　　아니다　배우다
Wǒ　　　bù　　　xué

我 + 不 + 买 + [　　]
나는　　아니다　사다
Wǒ　　　bù　　　mǎi

日语	일본어	韩语	한국어
Rìyǔ		Hányǔ	

英语	영어	游泳	수영
Yīngyǔ		yóuyǒng	

历史	역사	手表	손목시계
lìshǐ		shǒubiǎo	

礼物	선물	香水	향수
lǐwù		xiāngshuǐ	

包	가방	票	표
bāo		piào	

我 + 不学 +
Wǒ　bùxué

日语
Rìyǔ
일본어를 배우지 않는다

韩语
Hányǔ
한국어를 배우지 않는다

英语
Yīngyǔ
영어를 배우지 않는다

游泳
yóuyǒng
수영을 배우지 않는다

历史
lìshǐ
역사를 배우지 않는다

我 + 不买 +
Wǒ　bùmǎi

手表
shǒubiǎo
손목시계를 사지 않는다

礼物
lǐwù
선물을 사지 않는다

香水
xiāngshuǐ
향수를 사지 않는다

包
bāo
가방을 사지 않는다

票
piào
표를 사지 않는다

문장듣고따라하기

我学日语。
Wǒ xué Rìyǔ.   나는 일본어를 배운다.

我不学日语。
Wǒ bù xué Rìyǔ.   나는 일본어를 배우지 않는다.

我学韩语。
Wǒ xué Hányǔ.   나는 한국어를 배운다.

我不学韩语。
Wǒ bù xué Hányǔ. 나는 한국어를 배우지 않는다.

我学英语。
Wǒ xué Yīngyǔ.   나는 영어를 배운다.

我不学英语。
Wǒ bù xué Yīngyǔ. 나는 영어를 배우지 않는다.

我学游泳。
Wǒ xué yóuyǒng. 나는 수영을 배운다.

我不学游泳。
Wǒ bù xué yóuyǒng. 나는 수영을 배우지 않는다.

我学历史。
Wǒ xué lìshǐ.   나는 역사를 배운다.

我不学历史。
Wǒ bù xué lìshǐ.   나는 역사를 배우지 않는다.

我买手表。
Wǒ mǎi shǒubiǎo.　　　　　나는 손목시계를 산다.

我不买手表。
Wǒ bù mǎi shǒubiǎo.　　　　나는 손목시계를 사지 않는다.

我买礼物。
Wǒ mǎi lǐwù.　　　　　　　나는 선물을 산다.

我不买礼物。
Wǒ bù mǎi lǐwù.　　　　　　나는 선물을 사지 않는다.

我买香水。
Wǒ mǎi xiāngshuǐ.　　　　　나는 향수를 산다.

我不买香水。
Wǒ bù mǎi xiāngshuǐ.　　　　나는 향수를 사지 않는다.

我买包。
Wǒ mǎi bāo.　　　　　　　나는 가방을 산다.

我不买包。
Wǒ bù mǎi bāo.　　　　　　나는 가방을 사지 않는다.

我买票。
Wǒ mǎi piào.　　　　　　　나는 표를 산다.

我不买票。
Wǒ bù mǎi piào.　　　　　　나는 표를 사지 않는다.

배운 문장 **연습**하기   빈칸에 우리말 뜻에 맞는 중국어 문장과 발음을 써 보고,
소리 내어 읽으면서 연습해 보세요.

01   나는 일본어를 배운다.

문장
쓰기

발음
쓰기   [   ]

02   나는 일본어를 배우지 않는다.

[   ]

03   나는 한국어를 배운다.

[   ]

04   나는 한국어를 배우지 않는다.

[   ]

05   나는 영어를 배운다.

[   ]

06 나는 영어를 배우지 않는다.

문장
쓰기

발음
쓰기 [   ]

07 나는 수영을 배운다.

[   ]

08 나는 수영을 배우지 않는다.

[   ]

09 나는 역사를 배운다.

[   ]

10 나는 역사를 배우지 않는다.

[   ]

01 나는 일본어를 배운다.

문장
쓰기 我学日语。

발음
쓰기 [Wǒ xué Rìyǔ.]

02 나는 일본어를 배우지 않는다.

我不学日语。

[Wǒ bù xué Rìyǔ.]

03 나는 한국어를 배운다.

我学韩语。

[Wǒ xué Hányǔ.]

04 나는 한국어를 배우지 않는다.

我不学韩语。

[Wǒ bù xué Hányǔ.]

05 나는 영어를 배운다.

我学英语。

[Wǒ xué Yīngyǔ.]

06 나는 영어를 배우지 않는다.

문장 쓰기 我不学英语。

발음 쓰기 [Wǒ bù xué Yīngyǔ.]

07 나는 수영을 배운다.

我学游泳。

[Wǒ xué yóuyǒng.]

08 나는 수영을 배우지 않는다.

我不学游泳。

[Wǒ bù xué yóuyǒng.]

09 나는 역사를 배운다.

我学历史。

[Wǒ xué lìshǐ.]

10 나는 역사를 배우지 않는다.

我不学历史。

[Wǒ bù xué lìshǐ.]

11 나는 손목시계를 산다.

문장
쓰기

발음
쓰기 [   ]

12 나는 손목시계를 사지 않는다.

[   ]

13 나는 선물을 산다.

[   ]

14 나는 선물을 사지 않는다.

[   ]

15 나는 향수를 산다.

[   ]

16 나는 향수를 사지 않는다.

문장
쓰기

발음
쓰기 [   ]

17 나는 가방을 산다.

[   ]

18 나는 가방을 사지 않는다.

[   ]

19 나는 표를 산다.

[   ]

20 나는 표를 사지 않는다.

[   ]

11   나는 손목시계를 산다.

_{문장}
_{쓰기}   我买手表。

_{발음}
_{쓰기}   [Wǒ mǎi shǒubiǎo.]

12   나는 손목시계를 사지 않는다.

我不买手表。

[Wǒ bù mǎi shǒubiǎo.]

13   나는 선물을 산다.

我买礼物。

[Wǒ mǎi lǐwù.]

14   나는 선물을 사지 않는다.

我不买礼物。

[Wǒ bù mǎi lǐwù.]

15   나는 향수를 산다.

我买香水。

[Wǒ mǎi xiāngshuǐ.]

16 나는 향수를 사지 않는다.

문장
쓰기 我不买香水。

발음
쓰기 [Wǒ bù mǎi xiāngshuǐ.]

17 나는 가방을 산다.

我买包。

[Wǒ mǎi bāo.]

18 나는 가방을 사지 않는다.

我不买包。

[Wǒ bù mǎi bāo.]

19 나는 표를 산다.

我买票。

[Wǒ mǎi piào.]

20 나는 표를 사지 않는다.

我不买票。

[Wǒ bù mǎi piào.]

〈 복습강 〉

我 ☐ 护士。

Wǒ   hùshi.

나는 간호사가 아니다.

不是, bú shì

你 ☐ 北京。

Nǐ   Běijīng.

너는 베이징에 오지 않는다.

不来, bù lái

我 ☐ 图书馆。

Wǒ   túshūguǎn.

나는 도서관에 가지 않는다.

不去, bú qù

我 ☐ 电视。

Wǒ   diànshì.

나는 텔레비전을 보지 않는다.

不看, bú kàn

我 ☐ 女朋友。

Wǒ   nǚpéngyou.

나는 여자 친구가 없다.

没有, méiyǒu

我 ☐ 面包。

Wǒ ▨ miànbāo.

나는 빵을 먹지 않는다.

不吃, bù chī

我 ☐ 夏天。

Wǒ ▨ xiàtiān.

나는 여름을 좋아하지 않는다.

不喜欢, bù xǐhuan

我 ☐ 制服。

Wǒ ▨ zhìfú.

나는 제복을 입지 않는다.

不穿, bù chuān

我 ☐ 游泳。

Wǒ ▨ yóuyǒng.

나는 수영을 배우지 않는다.

不学, bù xué

我 ☐ 票。

Wǒ ▨ piào.

나는 표를 사지 않는다.

不买, bù mǎi

중국어 의문문
연습하기

일빵빵 왕초보중국어

30강

너는 ~하니?

문장 구조

你 + 동사 + ☐ + 吗?
너는   (의문)
Nǐ   ma

중국어 의문문의 '吗'

중국어 문장 끝에 '吗(ma)'를 붙이면 의문의 의미가 됩니다.

예문
你来韩国。   Nǐ lái Hánguó. (너는 한국에 온다.)
你来韩国吗? Nǐ lái Hánguó ma? (너는 한국에 오니?)

你去学校。   Nǐ qù xuéxiào. (너는 학교에 간다.)
你去学校吗? Nǐ qù xuéxiào ma? (너는 학교에 가니?)

吗	(의문 조사)	写	쓰다
ma		xiě	

汉字	한자
Hànzì	

你 Nǐ	来 lái	韩国 Hánguó	+ 吗? ma?	한국에 오니?
	去 qù	学校 xuéxiào		학교에 가니?
	看 kàn	书 shū		책을 보니?
	听 tīng	音乐 yīnyuè		음악을 듣니?
	写 xiě	汉字 Hànzì		한자를 쓰니?
	吃 chī	早饭 zǎofàn		아침밥을 먹니?
	喝 hē	茶 chá		차를 마시니?
	穿 chuān	裤子 kùzi		바지를 입니?
	学 xué	汉语 Hànyǔ		중국어를 배우니?
	买 mǎi	香水 xiāngshuǐ		향수를 사니?

문장듣고따라하기

你来韩国。
Nǐ lái Hánguó.　　　　　　너는 한국에 온다.

你来韩国吗?
Nǐ lái Hánguó ma?　　　　너는 한국에 오니?

你去学校。
Nǐ qù xuéxiào.　　　　　　너는 학교에 간다.

你去学校吗?
Nǐ qù xuéxiào ma?　　　　너는 학교에 가니?

你看书。
Nǐ kàn shū.　　　　　　　너는 책을 본다.

你看书吗?
Nǐ kàn shū ma?　　　　　너는 책을 보니?

你听音乐。
Nǐ tīng yīnyuè.　　　　　너는 음악을 듣는다.

你听音乐吗?
Nǐ tīng yīnyuè ma?　　　　너는 음악을 듣니?

你写汉字。
Nǐ xiě Hànzì.　　　　　　너는 한자를 쓴다.

你写汉字吗?
Nǐ xiě Hànzì ma?　　　　너는 한자를 쓰니?

你吃早饭。
Nǐ chī zǎofàn.　　　　　　너는 아침밥을 먹는다.

你吃早饭吗?
Nǐ chī zǎofàn ma?　　　　너는 아침밥을 먹니?

你喝茶。
Nǐ hē chá.　　　　　　　너는 차를 마신다.

你喝茶吗?
Nǐ hē chá ma?　　　　　너는 차를 마시니?

你穿裤子。
Nǐ chuān kùzi.　　　　　너는 바지를 입는다.

你穿裤子吗?
Nǐ chuān kùzi ma?　　　너는 바지를 입니?

你学汉语。
Nǐ xué Hànyǔ.　　　　　너는 중국어를 배운다.

你学汉语吗?
Nǐ xué Hànyǔ ma?　　　너는 중국어를 배우니?

你买香水。
Nǐ mǎi xiāngshuǐ.　　　너는 향수를 산다.

你买香水吗?
Nǐ mǎi xiāngshuǐ ma?　너는 향수를 사니?

배운 문장 **연습**하기

빈칸에 우리말 뜻에 맞는 중국어 문장과 발음을 써 보고,
소리 내어 읽으면서 연습해 보세요.

01 너는 한국에 온다.

문장
쓰기

발음
쓰기 [   ]

02 너는 한국에 오니?

[   ]

03 너는 학교에 간다.

[   ]

04 너는 학교에 가니?

[   ]

05 너는 책을 본다.

[   ]

06 너는 책을 보니?

문장
쓰기

발음
쓰기 [ ]

07 너는 음악을 듣는다.

[ ]

08 너는 음악을 듣니?

[ ]

09 너는 한자를 쓴다.

[ ]

10 너는 한자를 쓰니?

[ ]

01 너는 한국에 온다.

문장
쓰기 你来韩国。

발음
쓰기 [Nǐ lái Hánguó.]

02 너는 한국에 오니?

你来韩国吗?

[Nǐ lái Hánguó ma?]

03 너는 학교에 간다.

你去学校。

[Nǐ qù xuéxiào.]

04 너는 학교에 가니?

你去学校吗?

[Nǐ qù xuéxiào ma?]

05 너는 책을 본다.

你看书。

[Nǐ kàn shū.]

06 너는 책을 보니?

你看书吗?

[Nǐ kàn shū ma?]

07 너는 음악을 듣는다.

你听音乐。

[Nǐ tīng yīnyuè.]

08 너는 음악을 듣니?

你听音乐吗?

[Nǐ tīng yīnyuè ma?]

09 너는 한자를 쓴다.

你写汉字。

[Nǐ xiě Hànzì.]

10 너는 한자를 쓰니?

你写汉字吗?

[Nǐ xiě Hànzì ma?]

11 너는 아침밥을 먹는다.

문장
쓰기

발음
쓰기 [ ]

12 너는 아침밥을 먹니?

[ ]

13 너는 차를 마신다.

[ ]

14 너는 차를 마시니?

[ ]

15 너는 바지를 입는다.

[ ]

16 너는 바지를 입니?

문장
쓰기

발음
쓰기 [   ]

17 너는 중국어를 배운다.

[   ]

18 너는 중국어를 배우니?

[   ]

19 너는 향수를 산다.

[   ]

20 너는 향수를 사니?

[   ]

11 너는 아침밥을 먹는다.

문장
쓰기 你吃早饭。

발음
쓰기 [Nǐ chī zǎofàn.]

12 너는 아침밥을 먹니?

你吃早饭吗?

[Nǐ chī zǎofàn ma?]

13 너는 차를 마신다.

你喝茶。

[Nǐ hē chá.]

14 너는 차를 마시니?

你喝茶吗?

[Nǐ hē chá ma?]

15 너는 바지를 입는다.

你穿裤子。

[Nǐ chuān kùzi.]

16 너는 바지를 입니?

문장
쓰기 你穿裤子吗?

발음
쓰기 [Nǐ chuān kùzi ma?]

17 너는 중국어를 배운다.

你学汉语。

[Nǐ xué Hànyǔ.]

18 너는 중국어를 배우니?

你学汉语吗?

[Nǐ xué Hànyǔ ma?]

19 너는 향수를 산다.

你买香水。

[Nǐ mǎi xiāngshuǐ.]

20 너는 향수를 사니?

你买香水吗?

[Nǐ mǎi xiāngshuǐ ma?]

31강   너는 학생이니?

문장
구조

你 + 是 + ☐ + 吗?
너는   ~이다   (의문)
Nǐ   shì   ma

学生 xuésheng	학생	老师 lǎoshī	선생님
医生 yīshēng	의사	护士 hùshi	간호사
画家 huàjiā	화가	雨伞 yǔsǎn	우산
桌子 zhuōzi	탁자	本子 běnzi	공책
词典 cídiǎn	사전	画儿 huàr	그림

你 Nǐ	是 shì	学生 xuésheng	+ 吗? ma?	학생이니?
		老师 lǎoshī		선생님이니?
		医生 yīshēng		의사이니?
		护士 hùshi		간호사이니?
		画家 huàjiā		화가이니?
这 Zhè	是 shì	雨伞 yǔsǎn	+ 吗? ma?	우산이니?
那 Nà		桌子 zhuōzi		탁자이니?
		本子 běnzi		공책이니?
		词典 cídiǎn		사전이니?
		画儿 huàr		그림이니?

문장듣고따라하기

你是学生吗?
Nǐ shì xuésheng ma?　　　너는 학생이니?
我是学生。
Wǒ shì xuésheng.　　　나는 학생이다.

你是老师吗?
Nǐ shì lǎoshī ma?　　　너는 선생님이니?
我不是老师。
Wǒ bú shì lǎoshī.　　　나는 선생님이 아니다.

你是医生吗?
Nǐ shì yīshēng ma?　　　너는 의사이니?
我是医生。
Wǒ shì yīshēng.　　　나는 의사이다.

他是护士吗?
Tā shì hùshi ma?　　　그는 간호사이니?
他不是护士。
Tā bú shì hùshi.　　　그는 간호사가 아니다.

她是画家吗?
Tā shì huàjiā ma?　　　그녀는 화가이니?
她是画家。
Tā shì huàjiā.　　　그녀는 화가이다.

这是雨伞吗?
Zhè shì yǔsǎn ma?　　　이것은 우산이니?

这不是雨伞。
Zhè bú shì yǔsǎn.　　　이것은 우산이 아니다.

这是桌子吗?
Zhè shì zhuōzi ma?　　　이것은 탁자이니?

这是桌子。
Zhè shì zhuōzi.　　　이것은 탁자이다.

这是本子吗?
Zhè shì běnzi ma?　　　이것은 공책이니?

这不是本子。
Zhè bú shì běnzi.　　　이것은 공책이 아니다.

那是词典吗?
Nà shì cídiǎn ma?　　　그것은 사전이니?

那是词典。
Nà shì cídiǎn.　　　그것은 사전이다.

那是画儿吗?
Nà shì huàr ma?　　　그것은 그림이니?

那不是画儿。
Nà bú shì huàr.　　　그것은 그림이 아니다.

배운 문장 연습하기

빈칸에 우리말 뜻에 맞는 중국어 문장과 발음을 써 보고,
소리 내어 읽으면서 연습해 보세요.

01 너는 학생이니?

문장
쓰기

발음
쓰기 [   ]

02 나는 학생이다.

[   ]

03 너는 선생님이니?

[   ]

04 나는 선생님이 아니다.

[   ]

05 너는 의사이니?

[   ]

06 나는 의사이다.

문장
쓰기

발음
쓰기 [   ]

07 그는 간호사이니?

[   ]

08 그는 간호사가 아니다.

[   ]

09 그녀는 화가이니?

[   ]

10 그녀는 화가이다.

[   ]

01 너는 학생이니?

문장
쓰기
你是学生吗?

발음
쓰기
[Nǐ shì xuésheng ma?]

02 나는 학생이다.

我是学生。

[Wǒ shì xuésheng.]

03 너는 선생님이니?

你是老师吗?

[Nǐ shì lǎoshī ma?]

04 나는 선생님이 아니다.

我不是老师。

[Wǒ bú shì lǎoshī.]

05 너는 의사이니?

你是医生吗?

[Nǐ shì yīshēng ma?]

06 나는 의사이다.

문장
쓰기 我是医生。

발음
쓰기 [Wǒ shì yīshēng.]

07 그는 간호사이니?

他是护士吗?

[Tā shì hùshi ma?]

08 그는 간호사가 아니다.

他不是护士。

[Tā bú shì hùshi.]

09 그녀는 화가이니?

她是画家吗?

[Tā shì huàjiā ma?]

10 그녀는 화가이다.

她是画家。

[Tā shì huàjiā.]

11 이것은 우산이니?

문장
쓰기

발음
쓰기 [   ]

12 이것은 우산이 아니다.

[   ]

13 이것은 탁자이니?

[   ]

14 이것은 탁자이다.

[   ]

15 이것은 공책이니?

[   ]

16 이것은 공책이 아니다.

문장
쓰기

발음
쓰기 [   ]

17 그것은 사전이니?

[   ]

18 그것은 사전이다.

[   ]

19 그것은 그림이니?

[   ]

20 그것은 그림이 아니다.

[   ]

11 이것은 우산이니?

문장
쓰기 这是雨伞吗?

발음
쓰기 [Zhè shì yǔsǎn ma?   ]

12 이것은 우산이 아니다.

这不是雨伞。

[Zhè bú shì yǔsǎn.   ]

13 이것은 탁자이니?

这是桌子吗?

[Zhè shì zhuōzi ma?   ]

14 이것은 탁자이다.

这是桌子。

[Zhè shì zhuōzi.   ]

15 이것은 공책이니?

这是本子吗?

[Zhè shì běnzi ma?   ]

144

16 이것은 공책이 아니다.

문장
쓰기 这不是本子。

발음
쓰기 [Zhè bú shì běnzi.   ]

17 그것은 사전이니?

那是词典吗?

[Nà shì cídiǎn ma?   ]

18 그것은 사전이다.

那是词典。

[Nà shì cídiǎn.   ]

19 그것은 그림이니?

那是画儿吗?

[Nà shì huàr ma?   ]

20 그것은 그림이 아니다.

那不是画儿。

[Nà bú shì huàr.   ]

32강

너는 일본에 오니?
너는 여행 가니?
너는 집에 있니?

문장구조

你 + 来/去 + ☐ + 吗?
너는　　오다 / 가다　　　　　　(의문)
Nǐ　　lái　qù　　　　　　　　　ma

你 + 在 + ☐ + 吗?
너는　~에 있다　　　　(의문)
Nǐ　　zài　　　　　　ma

日本	일본	英国	영국
Rìběn		Yīngguó	

上海	상하이	旅游	여행
Shànghǎi		lǚyóu	

医院	병원	银行	은행
yīyuàn		yínháng	

家	집	外边	밖
jiā		wàibian	

公司	회사	公园	공원
gōngsī		gōngyuán	

你 来	日本	+ 吗?	일본에 오니?
Nǐ lái	Rìběn	ma?	
	英国		영국에 오니?
	Yīngguó		
	上海		상하이에 오니?
	Shànghǎi		

你 去	旅游	+ 吗?	여행 가니?
Nǐ qù	lǚyóu	ma?	
	医院		병원에 가니?
	yīyuàn		
	银行		은행에 가니?
	yínháng		

你 在	家	+ 吗?	집에 있니?
Nǐ zài	jiā	ma?	
	外边		밖에 있니?
	wàibian		
	公司		회사에 있니?
	gōngsī		
	公园		공원에 있니?
	gōngyuán		

문장듣고따라하기

你来日本吗?
Nǐ lái Rìběn ma?　　　　너는 일본에 오니?
我来日本。
Wǒ lái Rìběn.　　　　　나는 일본에 온다.

你来英国吗?
Nǐ lái Yīngguó ma?　　　너는 영국에 오니?
我不来英国。
Wǒ bù lái Yīngguó.　　　나는 영국에 오지 않는다.

他来上海吗?
Tā lái Shànghǎi ma?　　　그는 상하이에 오니?
他来上海。
Tā lái Shànghǎi.　　　　그는 상하이에 온다.

你去旅游吗?
Nǐ qù lǚyóu ma?　　　　너는 여행 가니?
我不去旅游。
Wǒ bú qù lǚyóu.　　　　나는 여행 가지 않는다.

你去医院吗?
Nǐ qù yīyuàn ma?　　　　너는 병원에 가니?
我去医院。
Wǒ qù yīyuàn.　　　　　나는 병원에 간다.

她去银行吗?
Tā qù yínháng ma?   그녀는 은행에 가니?
她不去银行。
Tā bú qù yínháng.   그녀는 은행에 가지 않는다.

你在家吗?
Nǐ zài jiā ma?   너는 집에 있니?
我在家。
Wǒ zài jiā.   나는 집에 있다.

你在外边吗?
Nǐ zài wàibian ma?   너는 밖에 있니?
我不在外边。
Wǒ bú zài wàibian.   나는 밖에 있지 않다.

他在公司吗?
Tā zài gōngsī ma?   그는 회사에 있니?
他在公司。
Tā zài gōngsī.   그는 회사에 있다.

她在公园吗?
Tā zài gōngyuán ma?   그녀는 공원에 있니?
她不在公园。
Tā bú zài gōngyuán.   그녀는 공원에 있지 않다.

배운 문장 **연습**하기

빈칸에 우리말 뜻에 맞는 중국어 문장과 발음을 써 보고,
소리 내어 읽으면서 연습해 보세요.

01 너는 일본에 오니?

문장
쓰기

발음
쓰기 [   ]

02 나는 일본에 온다.

[   ]

03 너는 영국에 오니?

[   ]

04 나는 영국에 오지 않는다.

[   ]

05 그는 상하이에 오니?

[   ]

06 그는 상하이에 온다.

문장
쓰기

발음
쓰기 [   ]

07 너는 여행 가니?

[   ]

08 나는 여행 가지 않는다.

[   ]

09 너는 병원에 가니?

[   ]

10 나는 병원에 간다.

[   ]

01 너는 일본에 오니?

문장
쓰기 你来日本吗?

발음
쓰기 [Nǐ lái Rìběn ma?]

02 나는 일본에 온다.

我来日本。

[Wǒ lái Rìběn.]

03 너는 영국에 오니?

你来英国吗?

[Nǐ lái Yīngguó ma?]

04 나는 영국에 오지 않는다.

我不来英国。

[Wǒ bù lái Yīngguó.]

05 그는 상하이에 오니?

他来上海吗?

[Tā lái Shànghǎi ma?]

06 그는 상하이에 온다.

문장
쓰기 他来上海。

발음
쓰기 [Tā lái Shànghǎi.]

07 너는 여행 가니?

你去旅游吗?

[Nǐ qù lǚyóu ma?]

08 나는 여행 가지 않는다.

我不去旅游。

[Wǒ bú qù lǚyóu.]

09 너는 병원에 가니?

你去医院吗?

[Nǐ qù yīyuàn ma?]

10 나는 병원에 간다.

我去医院。

[Wǒ qù yīyuàn.]

11 그녀는 은행에 가니?

문장
쓰기

발음
쓰기 [   ]

12 그녀는 은행에 가지 않는다.

[   ]

13 너는 집에 있니?

[   ]

14 나는 집에 있다.

[   ]

15 너는 밖에 있니?

[   ]

16 나는 밖에 있지 않다.

문장
쓰기

발음
쓰기 [   ]

17 그는 회사에 있니?

[   ]

18 그는 회사에 있다.

[   ]

19 그녀는 공원에 있니?

[   ]

20 그녀는 공원에 있지 않다.

[   ]

11 그녀는 은행에 가니?

문장
쓰기 她去银行吗?

발음
쓰기 [Tā qù yínháng ma?]

12 그녀는 은행에 가지 않는다.

她不去银行。

[Tā bú qù yínháng.]

13 너는 집에 있니?

你在家吗?

[Nǐ zài jiā ma?]

14 나는 집에 있다.

我在家。

[Wǒ zài jiā.]

15 너는 밖에 있니?

你在外边吗?

[Nǐ zài wàibian ma?]

16 나는 밖에 있지 않다.

문장
쓰기 我不在外边。

발음
쓰기 [Wǒ bú zài wàibian.]

17 그는 회사에 있니?

他在公司吗?

[Tā zài gōngsī ma?]

18 그는 회사에 있다.

他在公司。

[Tā zài gōngsī.]

19 그녀는 공원에 있니?

她在公园吗?

[Tā zài gōngyuán ma?]

20 그녀는 공원에 있지 않다.

她不在公园。

[Tā bú zài gōngyuán.]

33강

너는 책을 보니?
너는 음악을 듣니?

문장
구조

你 + 看 + ☐ + 吗?
너는　보다　　　　　(의문)
Nǐ　　kàn　　　　　ma

你 + 听 + ☐ + 吗?
너는　듣다　　　　　(의문)
Nǐ　　tīng　　　　　ma

书	책	报纸	신문
shū		bàozhǐ	
电影	영화	电视	텔레비전
diànyǐng		diànshì	
电视剧	드라마	杂志	잡지
diànshìjù		zázhì	
音乐	음악	外国音乐	외국 음악
yīnyuè		wàiguó yīnyuè	
课	수업	数学课	수학 수업
kè		shùxué kè	

你 看	书	+ 吗?	책을 보니?
Nǐ kàn	shū	ma?	
	报纸		신문을 보니?
	bàozhǐ		
	电影		영화를 보니?
	diànyǐng		
	电视		텔레비전을 보니?
	diànshì		
	电视剧		드라마를 보니?
	diànshìjù		
	杂志		잡지를 보니?
	zázhì		
你 听	音乐	+ 吗?	음악을 듣니?
Nǐ tīng	yīnyuè	ma?	
	外国音乐		외국 음악을 듣니?
	wàiguó yīnyuè		
	课		수업을 듣니?
	kè		
	数学课		수학 수업을 듣니?
	shùxué kè		

문장듣고따라하기

你看书吗?
Nǐ kàn shū ma? 너는 책을 보니?
我看书。
Wǒ kàn shū. 나는 책을 본다.

你看报纸吗?
Nǐ kàn bàozhǐ ma? 너는 신문을 보니?
我不看报纸。
Wǒ bú kàn bàozhǐ. 나는 신문을 보지 않는다.

你看电影吗?
Nǐ kàn diànyǐng ma? 너는 영화를 보니?
我看电影。
Wǒ kàn diànyǐng. 나는 영화를 본다.

你看电视吗?
Nǐ kàn diànshì ma? 너는 텔레비전을 보니?
我不看电视。
Wǒ bú kàn diànshì. 나는 텔레비전을 보지 않는다.

他看电视剧吗?
Tā kàn diànshìjù ma? 그는 드라마를 보니?
他看电视剧。
Tā kàn diànshìjù. 그는 드라마를 본다.

她看杂志吗?
Tā kàn zázhì ma?   그녀는 잡지를 보니?

她不看杂志。
Tā bú kàn zázhì.   그녀는 잡지를 보지 않는다.

你听音乐吗?
Nǐ tīng yīnyuè ma?   너는 음악을 듣니?

我听音乐。
Wǒ tīng yīnyuè.   나는 음악을 듣는다.

你听外国音乐吗?
Nǐ tīng wàiguó yīnyuè ma?   너는 외국 음악을 듣니?

我不听外国音乐。
Wǒ bù tīng wàiguó yīnyuè.   나는 외국 음악을 듣지 않는다.

他听课吗?
Tā tīng kè ma?   그는 수업을 듣니?

他听课。
Tā tīng kè.   그는 수업을 듣는다.

她听数学课吗?
Tā tīng shùxué kè ma?   그녀는 수학 수업을 듣니?

她不听数学课。
Tā bù tīng shùxué kè.   그녀는 수학 수업을 듣지 않는다.

배운 문장 **연습**하기

빈칸에 우리말 뜻에 맞는 중국어 문장과 발음을 써 보고,
소리 내어 읽으면서 연습해 보세요.

01 너는 책을 보니?

문장
쓰기

발음
쓰기 [ ]

02 나는 책을 본다.

[ ]

03 너는 신문을 보니?

/ [ ]

04 나는 신문을 보지 않는다.

[ ]

05 너는 영화를 보니?

[ ]

06 나는 영화를 본다.

문장
쓰기

발음
쓰기 [   ]

07 너는 텔레비전을 보니?

[   ]

08 나는 텔레비전을 보지 않는다.

[   ]

09 그는 드라마를 보니?

[   ]

10 그는 드라마를 본다.

[   ]

01 너는 책을 보니?

문장
쓰기 你看书吗?

발음
쓰기 [Nǐ kàn shū ma?]

02 나는 책을 본다.

我看书。

[Wǒ kàn shū.]

03 너는 신문을 보니?

你看报纸吗?

[Nǐ kàn bàozhǐ ma?]

04 나는 신문을 보지 않는다.

我不看报纸。

[Wǒ bú kàn bàozhǐ.]

05 너는 영화를 보니?

你看电影吗?

[Nǐ kàn diànyǐng ma?]

06 나는 영화를 본다.

我看电影。

[Wǒ kàn diànyǐng.]

07 너는 텔레비전을 보니?

你看电视吗?

[Nǐ kàn diànshì ma?]

08 나는 텔레비전을 보지 않는다.

我不看电视。

[Wǒ bú kàn diànshì.]

09 그는 드라마를 보니?

他看电视剧吗?

[Tā kàn diànshìjù ma?]

10 그는 드라마를 본다.

他看电视剧。

[Tā kàn diànshìjù.]

11 그녀는 잡지를 보니?

문장
쓰기

발음
쓰기 [   ]

12 그녀는 잡지를 보지 않는다.

[   ]

13 너는 음악을 듣니?

[   ]

14 나는 음악을 듣는다.

[   ]

15 너는 외국 음악을 듣니?

[   ]

16 나는 외국 음악을 듣지 않는다.

문장
쓰기

발음
쓰기 [   ]

17 그는 수업을 듣니?

[   ]

18 그는 수업을 듣는다.

[   ]

19 그녀는 수학 수업을 듣니?

[   ]

20 그녀는 수학 수업을 듣지 않는다.

[   ]

11 그녀는 잡지를 보니?

문장
쓰기 她看杂志吗?

발음
쓰기 [Tā kàn zázhì ma?]

12 그녀는 잡지를 보지 않는다.

她不看杂志。

[Tā bú kàn zázhì.]

13 너는 음악을 듣니?

你听音乐吗?

[Nǐ tīng yīnyuè ma?]

14 나는 음악을 듣는다.

我听音乐。

[Wǒ tīng yīnyuè.]

15 너는 외국 음악을 듣니?

你听外国音乐吗?

[Nǐ tīng wàiguó yīnyuè ma?]

16 나는 외국 음악을 듣지 않는다.

문장
쓰기 我不听外国音乐。

발음
쓰기 [Wǒ bù tīng wàiguó yīnyuè.]

17 그는 수업을 듣니?

他听课吗?

[Tā tīng kè ma?]

18 그는 수업을 듣는다.

他听课。

[Tā tīng kè.]

19 그녀는 수학 수업을 듣니?

她听数学课吗?

[Tā tīng shùxué kè ma?]

20 그녀는 수학 수업을 듣지 않는다.

她不听数学课。

[Tā bù tīng shùxué kè.]

34강

너는 남자 친구가 있니?
너는 고양이를 좋아하니?

문장 구조

你 + 有 + [　　] + 吗?

너는　　있다　　　　　　(의문)

Nǐ　　yǒu　　　　　　　ma

你 + 喜欢 + [　　] + 吗?

너는　　좋아하다　　　　　　(의문)

Nǐ　　xǐhuan　　　　　　　ma

男朋友	남자 친구	女朋友	여자 친구
nánpéngyou		nǚpéngyou	
钱	돈	儿子	아들
qián		érzi	
女儿	딸	猫	고양이
nǚ'ér		māo	
狗	개	熊猫	판다
gǒu		xióngmāo	
冰淇淋	아이스크림	中国菜	중국 요리
bīngqílín		zhōngguócài	

你	有	男朋友	+ 吗?	남자 친구가 있니?
Nǐ	yǒu	nánpéngyou	ma?	
		女朋友		여자 친구가 있니?
		nǚpéngyou		
		钱		돈이 있니?
		qián		
		儿子		아들이 있니?
		érzi		
		女儿		딸이 있니?
		nǚ'ér		
你	喜欢	猫	+ 吗?	고양이를 좋아하니?
Nǐ	xǐhuan	māo	ma?	
		狗		개를 좋아하니?
		gǒu		
		熊猫		판다를 좋아하니?
		xióngmāo		
		冰淇淋		아이스크림을 좋아하니?
		bīngqílín		
		中国菜		중국 요리를 좋아하니?
		zhōngguócài		

문장듣고따라하기

你有男朋友吗?
Nǐ yǒu nánpéngyou ma?　　너는 남자 친구가 있니?
我有男朋友。
Wǒ yǒu nánpéngyou.　　나는 남자 친구가 있다.

你有女朋友吗?
Nǐ yǒu nǚpéngyou ma?　　너는 여자 친구가 있니?
我没有女朋友。
Wǒ méiyǒu nǚpéngyou.　　나는 여자 친구가 없다.

你有钱吗?
Nǐ yǒu qián ma?　　너는 돈이 있니?
我有钱。
Wǒ yǒu qián.　　나는 돈이 있다.

他有儿子吗?
Tā yǒu érzi ma?　　그는 아들이 있니?
他没有儿子。
Tā méiyǒu érzi.　　그는 아들이 없다.

她有女儿吗?
Tā yǒu nǚ'ér ma?　　그녀는 딸이 있니?
她有女儿。
Tā yǒu nǚ'ér.　　그녀는 딸이 있다.

你喜欢猫吗?
Nǐ xǐhuan māo ma?　　　　너는 고양이를 좋아하니?

我喜欢猫。
Wǒ xǐhuan māo.　　　　나는 고양이를 좋아한다.

你喜欢狗吗?
Nǐ xǐhuan gǒu ma?　　　　너는 개를 좋아하니?

我不喜欢狗。
Wǒ bù xǐhuan gǒu.　　　　나는 개를 좋아하지 않는다.

你喜欢熊猫吗?
Nǐ xǐhuan xióngmāo ma?　　너는 판다를 좋아하니?

我喜欢熊猫。
Wǒ xǐhuan xióngmāo.　　　나는 판다를 좋아한다.

他喜欢冰淇淋吗?
Tā xǐhuan bīngqílín ma?　　그는 아이스크림을 좋아하니?

他不喜欢冰淇淋。
Tā bù xǐhuan bīngqílín.　　그는 아이스크림을 좋아하지 않는다.

她喜欢中国菜吗?
Tā xǐhuan zhōngguócài ma?　그녀는 중국 요리를 좋아하니?

她喜欢中国菜。
Tā xǐhuan zhōngguócài.　　그녀는 중국 요리를 좋아한다.

배운 문장 **연습**하기

빈칸에 우리말 뜻에 맞는 중국어 문장과 발음을 써 보고,
소리 내어 읽으면서 연습해 보세요.

01 너는 남자 친구가 있니?

문장
쓰기

발음
쓰기 [   ]

02 나는 남자 친구가 있다.

[   ]

03 너는 여자 친구가 있니?

[   ]

04 나는 여자 친구가 없다.

[   ]

05 너는 돈이 있니?

[   ]

06 나는 돈이 있다.

문장
쓰기

발음
쓰기 [   ]

07 그는 아들이 있니?

[   ]

08 그는 아들이 없다.

[   ]

09 그녀는 딸이 있니?

[   ]

10 그녀는 딸이 있다.

[   ]

01 너는 남자 친구가 있니?

문장 쓰기 你有男朋友吗?

발음 쓰기 [Nǐ yǒu péngyou ma?]

02 나는 남자 친구가 있다.

我有男朋友。

[Wǒ yǒu nánpéngyou.]

03 너는 여자 친구가 있니?

你有女朋友吗?

[Nǐ yǒu nǚpéngyou ma?]

04 나는 여자 친구가 없다.

我没有女朋友。

[Wǒ méiyǒu nǚpéngyou.]

05 너는 돈이 있니?

你有钱吗?

[Nǐ yǒu qián ma?]

06 나는 돈이 있다.

我有钱。

[Wǒ yǒu qián.]

07 그는 아들이 있니?

他有儿子吗?

[Tā yǒu érzi ma?]

08 그는 아들이 없다.

他没有儿子。

[Tā méiyǒu érzi.]

09 그녀는 딸이 있니?

她有女儿吗?

[Tā yǒu nǚ'ér ma?]

10 그녀는 딸이 있다.

她有女儿。

[Tā yǒu nǚ'ér.]

11 너는 고양이를 좋아하니?

문장
쓰기

발음
쓰기 [   ]

12 나는 고양이를 좋아한다.

[   ]

13 너는 개를 좋아하니?

[   ]

14 나는 개를 좋아하지 않는다.

[   ]

15 너는 판다를 좋아하니?

[   ]

16 나는 판다를 좋아한다.

문장 쓰기

발음 쓰기 [ ]

17 그는 아이스크림을 좋아하니?

[ ]

18 그는 아이스크림을 좋아하지 않는다.

[ ]

19 그녀는 중국 요리를 좋아하니?

[ ]

20 그녀는 중국 요리를 좋아한다.

[ ]

11 너는 고양이를 좋아하니?

문장
쓰기
你喜欢猫吗?

발음
쓰기
[Nǐ xǐhuan māo ma?]

12 나는 고양이를 좋아한다.

我喜欢猫。

[Wǒ xǐhuan māo.]

13 너는 개를 좋아하니?

你喜欢狗吗?

[Nǐ xǐhuan gǒu ma?]

14 나는 개를 좋아하지 않는다.

我不喜欢狗。

[Wǒ bù xǐhuan gǒu.]

15 너는 판다를 좋아하니?

你喜欢熊猫吗?

[Nǐ xǐhuan xióngmāo ma?]

16 나는 판다를 좋아한다.

문장
쓰기 我喜欢熊猫。

발음
쓰기 [Wǒ xǐhuan xióngmāo.]

17 그는 아이스크림을 좋아하니?

他喜欢冰淇淋吗?

[Tā xǐhuan bīngqílín ma?]

18 그는 아이스크림을 좋아하지 않는다.

他不喜欢冰淇淋。

[Tā bù xǐhuan bīngqílín.]

19 그녀는 중국 요리를 좋아하니?

她喜欢中国菜吗?

[Tā xǐhuan zhōngguócài ma?]

20 그녀는 중국 요리를 좋아한다.

她喜欢中国菜。

[Tā xǐhuan zhōngguócài.]

35강

너는 아침밥을 먹니?
너는 우유를 마시니?

문장구조

你 + 吃 + ☐ + 吗?
너는　먹다　　　　　　(의문)
Nǐ　　chī　　　　　　　ma

你 + 喝 + ☐ + 吗?
너는　마시다　　　　　(의문)
Nǐ　　hē　　　　　　　ma

早饭	아침밥	水果	과일
zǎofàn		shuǐguǒ	

面包	빵	巧克力	초콜릿
miànbāo		qiǎokèlì	

月饼	월병	牛奶	우유
yuèbing		niúnǎi	

咖啡	커피	橙汁	오렌지 주스
kāfēi		chéngzhī	

红茶	홍차	啤酒	맥주
hóngchá		píjiǔ	

你 吃	早饭	+ 吗?	아침밥을 먹니?
Nǐ chī	zǎofàn	ma?	
	水果		과일을 먹니?
	shuǐguǒ		
	面包		빵을 먹니?
	miànbāo		
	巧克力		초콜릿을 먹니?
	qiǎokèlì		
	月饼		월병을 먹니?
	yuèbing		
你 喝	牛奶	+ 吗?	우유를 마시니?
Nǐ hē	niúnǎi	ma?	
	咖啡		커피를 마시니?
	kāfēi		
	橙汁		오렌지 주스를 마시니?
	chéngzhī		
	红茶		홍차를 마시니?
	hóngchá		
	啤酒		맥주를 마시니?
	píjiǔ		

문장듣고따라하기

你吃早饭吗?
Nǐ chī zǎofàn ma?　　　　너는 아침밥을 먹니?

我吃早饭。
Wǒ chī zǎofàn.　　　　나는 아침밥을 먹는다.

你吃水果吗?
Nǐ chī shuǐguǒ ma?　　　너는 과일을 먹니?

我不吃水果。
Wǒ bù chī shuǐguǒ.　　　나는 과일을 먹지 않는다.

你吃面包吗?
Nǐ chī miànbāo ma?　　　너는 빵을 먹니?

我吃面包。
Wǒ chī miànbāo.　　　　나는 빵을 먹는다.

他吃巧克力吗?
Tā chī qiǎokèlì ma?　　　그는 초콜릿을 먹니?

他不吃巧克力。
Tā bù chī qiǎokèlì.　　　그는 초콜릿을 먹지 않는다.

她吃月饼吗?
Tā chī yuèbing ma?　　　그녀는 월병을 먹니?

她吃月饼。
Tā chī yuèbing.　　　　그녀는 월병을 먹는다.

你喝牛奶吗?
Nǐ hē niúnǎi ma?　　　　　너는 우유를 마시니?

我不喝牛奶。
Wǒ bù hē niúnǎi.　　　　　나는 우유를 마시지 않는다.

你喝咖啡吗?
Nǐ hē kāfēi ma?　　　　　너는 커피를 마시니?

我喝咖啡。
Wǒ hē kāfēi.　　　　　나는 커피를 마신다.

你喝橙汁吗?
Nǐ hē chéngzhī ma?　　　　　너는 오렌지 주스를 마시니?

我不喝橙汁。
Wǒ bù hē chéngzhī.　　　　　나는 오렌지 주스를 마시지 않는다.

他喝红茶吗?
Tā hē hóngchá ma?　　　　　그는 홍차를 마시니?

他喝红茶。
Tā hē hóngchá.　　　　　그는 홍차를 마신다.

她喝啤酒吗?
Tā hē píjiǔ ma?　　　　　그녀는 맥주를 마시니?

她不喝啤酒。
Tā bù hē píjiǔ.　　　　　그녀는 맥주를 마시지 않는다.

배운 문장 연습하기

빈칸에 우리말 뜻에 맞는 중국어 문장과 발음을 써 보고,
소리 내어 읽으면서 연습해 보세요.

01 너는 아침밥을 먹니?

문장
쓰기

발음
쓰기 [ ]

02 나는 아침밥을 먹는다.

[ ]

03 너는 과일을 먹니?

[ ]

04 나는 과일을 먹지 않는다.

[ ]

05 너는 빵을 먹니?

[ ]

06 나는 빵을 먹는다.

문장
쓰기

발음
쓰기 [   ]

07 그는 초콜릿을 먹니?

[   ]

08 그는 초콜릿을 먹지 않는다.

[   ]

09 그녀는 월병을 먹니?

[   ]

10 그녀는 월병을 먹는다.

[   ]

01 너는 아침밥을 먹니?

문장
쓰기 你吃早饭吗?

발음
쓰기 [Nǐ chī zǎofàn ma?]

02 나는 아침밥을 먹는다.

我吃早饭。

[Wǒ chī zǎofàn.]

03 너는 과일을 먹니?

你吃水果吗?

[Nǐ chī shuǐguǒ ma?]

04 나는 과일을 먹지 않는다.

我不吃水果。

[Wǒ bù chī shuǐguǒ.]

05 너는 빵을 먹니?

你吃面包吗?

[Nǐ chī miànbāo ma?]

나는 빵을 먹는다.

문장
쓰기
我吃面包。

발음
쓰기
[Wǒ chī miànbāo.]

07 그는 초콜릿을 먹니?

他吃巧克力吗?

[Tā chī qiǎokèlì ma?]

08 그는 초콜릿을 먹지 않는다.

他不吃巧克力。

[Tā bù chī qiǎokèlì.]

09 그녀는 월병을 먹니?

她吃月饼吗?

[Tā chī yuèbing ma?]

10 그녀는 월병을 먹는다.

她吃月饼。

[Tā chī yuèbing.]

11 너는 우유를 마시니?

문장
쓰기

발음
쓰기 [   ]

12 나는 우유를 마시지 않는다.

[   ]

13 너는 커피를 마시니?

[   ]

14 나는 커피를 마신다.

[   ]

15 너는 오렌지 주스를 마시니?

[   ]

16 나는 오렌지 주스를 마시지 않는다.

문장
쓰기

발음
쓰기 [   ]

17 그는 홍차를 마시니?

[   ]

18 그는 홍차를 마신다.

[   ]

19 그녀는 맥주를 마시니?

[   ]

20 그녀는 맥주를 마시지 않는다.

[   ]

11 너는 우유를 마시니?

문장
쓰기   你喝牛奶吗?

발음
쓰기   [Nǐ hē niúnǎi ma?]

12 나는 우유를 마시지 않는다.

我不喝牛奶。

[Wǒ bù hē niúnǎi.]

13 너는 커피를 마시니?

你喝咖啡吗?

[Nǐ hē kāfēi ma?]

14 나는 커피를 마신다.

我喝咖啡。

[Wǒ hē kāfēi.]

15 너는 오렌지 주스를 마시니?

你喝橙汁吗?

[Nǐ hē chéngzhī ma?]

16   나는 오렌지 주스를 마시지 않는다.

문장
쓰기 我不喝橙汁。

발음
쓰기 [Wǒ bù hē chéngzhī.]

17   그는 홍차를 마시니?

他喝红茶吗?

[Tā hē hóngchá ma?]

18   그는 홍차를 마신다.

他喝红茶。

[Tā hē hóngchá.]

19   그녀는 맥주를 마시니?

她喝啤酒吗?

[Tā hē píjiǔ ma?]

20   그녀는 맥주를 마시지 않는다.

她不喝啤酒。

[Tā bù hē píjiǔ.]

36강   너는 누구니?

문장구조

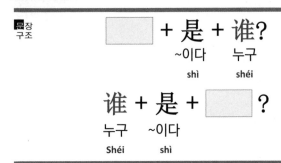

⬜ + 是 + 谁?
　　　~이다　 누구
　　　 shì　　 shéi

谁 + 是 + ⬜ ?
누구　~이다
Shéi　 shì

중국어 의문문 '谁'

'谁(shéi)'는 '누구'라는 뜻을 가진 의문대명사로, '누가 ~ ?', 또는 '누구를 ~?' 이라는 의미를 나타냅니다.

예문   你是谁?   Nǐ shì shéi? (너는 누구니?)

谁是学生? Shéi shì xuésheng? (누가 학생이니?)

谁	누구	演员	배우
shéi		yǎnyuán	

运动员	운동선수	记者	기자
yùndòngyuán		jìzhě	

你 Nǐ 他 Tā 她 Tā	是 shì	谁? shéi?	너는 누구니?
			그는 누구니?
			그녀는 누구니?
谁 Shéi	是 shì	学生? xuésheng?	누가 학생이니?
		医生? yīshēng?	누가 의사이니?
		护士? hùshi?	누가 간호사이니?
		运动员? yùndòngyuán?	누가 운동선수이니?
		记者? jìzhě?	누가 기자이니?
		作家? zuòjiā?	누가 작가이니?
		老师? lǎoshī?	누가 선생님이니?

문장듣고따라하기

你是谁?
Nǐ shì shéi?   너는 누구니?

我是演员。
Wǒ shì yǎnyuán.   나는 배우이다.

他是谁?
Tā shì shéi?   그는 누구니?

他是王明。
Tā shì Wáng Míng.   그는 왕밍이다.

她是谁?
Tā shì shéi?   그녀는 누구니?

她是我姐姐。
Tā shì wǒ jiějie.   그녀는 나의 언니(누나)이다.

谁是学生?
Shéi shì xuésheng?   누가 학생이니?

我是学生。
Wǒ shì xuésheng.   내가 학생이다.

谁是医生?
Shéi shì yīshēng?   누가 의사이니?

我是医生。
Wǒ shì yīshēng.   내가 의사이다.

谁是护士?
Shéi shì hùshi?　　　　　누가 간호사이니?
我是护士。
Wǒ shì hùshi.　　　　　　내가 간호사이다.

谁是运动员?
Shéi shì yùndòngyuán?　　누가 운동선수이니?
他是运动员。
Tā shì yùndòngyuán.　　　그가 운동선수이다.

谁是记者?
Shéi shì jìzhě?　　　　　　누가 기자이니?
他是记者。
Tā shì jìzhě.　　　　　　　그가 기자이다.

谁是作家?
Shéi shì zuòjiā?　　　　　　누가 작가이니?
她是作家。
Tā shì zuòjiā.　　　　　　　그녀가 작가이다.

谁是老师?
Shéi shì lǎoshī?　　　　　　누가 선생님이니?
她是老师。
Tā shì lǎoshī.　　　　　　　그녀가 선생님이다.

배운 문장 **연습**하기

빈칸에 우리말 뜻에 맞는 중국어 문장과 발음을 써 보고,
소리 내어 읽으면서 연습해 보세요.

01 너는 누구니?

문장
쓰기

발음
쓰기 [   ]

02 나는 배우이다.

[   ]

03 그는 누구니?

[   ]

04 그는 왕밍이다.

[   ]

05 그녀는 누구니?

[   ]

06 그녀는 나의 언니(누나)이다.

문장
쓰기

발음
쓰기 [   ]

07 누가 학생이니?

[   ]

08 내가 학생이다.

[   ]

09 누가 의사이니?

[   ]

10 내가 의사이다.

[   ]

01 너는 누구니?

문장
쓰기
你是谁?

발음
쓰기
[Nǐ shì shéi?]

02 나는 배우이다.

我是演员。

[Wǒ shì yǎnyuán.]

03 그는 누구니?

他是谁?

[Tā shì shéi?]

04 그는 왕밍이다.

他是王明。

[Tā shì Wáng Míng.]

05 그녀는 누구니?

她是谁?

[Tā shì shéi?]

그녀는 나의 언니(누나)이다.

문장
쓰기 　她是我姐姐。

발음
쓰기 　[Tā shì wǒ jiějie. 　　　　　　　　　　　　]

07 　누가 학생이니?

谁是学生?

[Shéi shì xuésheng? 　　　　　　　　　　　　]

08 　내가 학생이다.

我是学生。

[Wǒ shì xuésheng. 　　　　　　　　　　　　]

09 　누가 의사이니?

谁是医生?

[Shéi shì yīshēng? 　　　　　　　　　　　　]

10 　내가 의사이다.

我是医生。

[Wǒ shì yīshēng. 　　　　　　　　　　　　]

11 누가 간호사이니?

문장
쓰기

발음
쓰기 [   ]

12 내가 간호사이다.

[   ]

13 누가 운동선수이니?

[   ]

14 그가 운동선수이다.

[   ]

15 누가 기자이니?

[   ]

16 그가 기자이다.

문장
쓰기

발음
쓰기 [   ]

17 누가 작가이니?

[   ]

18 그녀가 작가이다.

[   ]

19 누가 선생님이니?

[   ]

20 그녀가 선생님이다.

[   ]

11 누가 간호사이니?

문장
쓰기 谁是护士?

발음
쓰기 [Shéi shì hùshi?]

12 내가 간호사이다.

我是护士。

[Wǒ shì hùshi.]

13 누가 운동선수이니?

谁是运动员?

[Shéi shì yùndòngyuán?]

14 그가 운동선수이다.

他是运动员。

[Tā shì yùndòngyuán.]

15 누가 기자이니?

谁是记者?

[Shéi shì jìzhě?]

16 그가 기자이다.

문장
쓰기 他是记者。

발음
쓰기 [Tā shì jìzhě.]

17 누가 작가이니?

谁是作家?

[Shéi shì zuòjiā?]

18 그녀가 작가이다.

她是作家。

[Tā shì zuòjiā.]

19 누가 선생님이니?

谁是老师?

[Shéi shì lǎoshī?]

20 그녀가 선생님이다.

她是老师。

[Tā shì lǎoshī.]

37강 누가 한국에 오니?

구조

谁 + 동사 + ☐ ?

누구

Shéi

韩国	한국	法国	프랑스
Hánguó		Fǎguó	
旅游	여행	学校	학교
lǚyóu		xuéxiào	
电影	영화	杂志	잡지
diànyǐng		zázhì	
汉语	중국어	英语	영어
Hànyǔ		Yīngyǔ	
狗	개	春天	봄
gǒu		chūntiān	

谁 Shéi	来 lái	韩国? Hánguó?	누가 한국에 오니?
		法国? Fǎguó?	누가 프랑스에 오니?
谁 Shéi	去 qù	中国旅游? Zhōngguó lǚyóu?	누가 중국 여행 가니?
		学校? xuéxiào?	누가 학교에 가니?
谁 Shéi	看 kàn	电影? diànyǐng?	누가 영화를 보니?
		杂志? zázhì?	누가 잡지를 보니?
谁 Shéi	学 xué	汉语? Hànyǔ?	누가 중국어를 배우니?
		英语? Yīngyǔ?	누가 영어를 배우니?
谁 Shéi	喜欢 xǐhuan	狗? gǒu?	누가 개를 좋아하니?
		春天? chūntiān?	누가 봄을 좋아하니?

문장듣고따라하기

谁来韩国?
Shéi lái Hánguó? 누가 한국에 오니?
他来韩国。
Tā lái Hánguó. 그가 한국에 온다.

谁来法国?
Shéi lái Fǎguó? 누가 프랑스에 오니?
我妹妹来法国。
Wǒ mèimei lái Fǎguó. 내 여동생이 프랑스에 온다.

谁去中国旅游?
Shéi qù Zhōngguó lǚyóu? 누가 중국 여행 가니?
我去中国旅游。
Wǒ qù Zhōngguó lǚyóu. 내가 중국 여행 간다.

谁去学校?
Shéi qù xuéxiào? 누가 학교에 가니?
她去学校。
Tā qù xuéxiào. 그녀가 학교에 간다.

谁看电影?
Shéi kàn diànyǐng? 누가 영화를 보니?
我看电影。
Wǒ kàn diànyǐng. 내가 영화를 본다.

谁看杂志?
Shéi kàn zázhì?　　　　　누가 잡지를 보니?
他看杂志。
Tā kàn zázhì.　　　　　　그가 잡지를 본다.

谁学汉语?
Shéi xué Hànyǔ?　　　　　누가 중국어를 배우니?
我们学汉语。
Wǒmen xué Hànyǔ.　　　　우리가 중국어를 배운다.

谁学英语?
Shéi xué Yīngyǔ?　　　　　누가 영어를 배우니?
她学英语。
Tā xué Yīngyǔ.　　　　　　그녀가 영어를 배운다.

谁喜欢狗?
Shéi xǐhuan gǒu?　　　　　누가 개를 좋아하니?
我弟弟喜欢狗。
Wǒ dìdi xǐhuan gǒu.　　　　내 남동생이 개를 좋아한다.

谁喜欢春天?
Shéi xǐhuan chūntiān?　　　누가 봄을 좋아하니?
我喜欢春天。
Wǒ xǐhuan chūntiān.　　　　내가 봄을 좋아한다.

배운 문장 **연습**하기

빈칸에 우리말 뜻에 맞는 중국어 문장과 발음을 써 보고,
소리 내어 읽으면서 연습해 보세요.

01 누가 한국에 오니?

문장
쓰기

발음
쓰기 [   ]

02 그가 한국에 온다.

[   ]

03 누가 프랑스에 오니?

[   ]

04 내 여동생이 프랑스에 온다.

[   ]

05 누가 중국 여행 가니?

[   ]

06 내가 중국 여행 간다.

문장
쓰기

발음
쓰기 [   ]

07 누가 학교에 가니?

[   ]

08 그녀가 학교에 간다.

[   ]

09 누가 영화를 보니?

[   ]

10 내가 영화를 본다.

[   ]

01 누가 한국에 오니?

문장
쓰기 谁来韩国?

발음
쓰기 [Shéi lái Hánguó?]

02 그가 한국에 온다.

他来韩国。

[Tā lái Hánguó.]

03 누가 프랑스에 오니?

谁来法国?

[Shéi lái Fǎguó?]

04 내 여동생이 프랑스에 온다.

我妹妹来法国。

[Wǒ mèimei lái Fǎguó.]

05 누가 중국 여행 가니?

谁去中国旅游?

[Shéi qù Zhōngguó lǚyóu?]

06 내가 중국 여행 간다.

문장
쓰기 我去中国旅游。

발음
쓰기 [Wǒ qù Zhōngguó lǚyóu.]

07 누가 학교에 가니?

谁去学校?

[Shéi qù xuéxiào?]

08 그녀가 학교에 간다.

她去学校。

[Tā qù xuéxiào.]

09 누가 영화를 보니?

谁看电影?

[Shéi kàn diànyǐng?]

10 내가 영화를 본다.

我看电影。

[Wǒ kàn diànyǐng.]

11 누가 잡지를 보니?

문장
쓰기

발음
쓰기 [   ]

12 그가 잡지를 본다.

[   ]

13 누가 중국어를 배우니?

[   ]

14 우리가 중국어를 배운다.

[   ]

15 누가 영어를 배우니?

[   ]

16 그녀가 영어를 배운다.

문장
쓰기

발음
쓰기 [   ]

17 누가 개를 좋아하니?

[   ]

18 내 남동생이 개를 좋아한다.

[   ]

19 누가 봄을 좋아하니?

[   ]

20 내가 봄을 좋아한다.

[   ]

11 누가 잡지를 보니?

문장
쓰기 谁看杂志?

발음
쓰기 [Shéi kàn zázhì?]

12 그가 잡지를 본다.

他看杂志。

[Tā kàn zázhì.]

13 누가 중국어를 배우니?

谁学汉语?

[Shéi xué Hànyǔ?]

14 우리가 중국어를 배운다.

我们学汉语。

[Wǒmen xué Hànyǔ.]

15 누가 영어를 배우니?

谁学英语?

[Shéi xué Yīngyǔ?]

16 그녀가 영어를 배운다.

문장
쓰기　她学英语。

발음
쓰기　[Tā xué Yīngyǔ.]

17 누가 개를 좋아하니?

谁喜欢狗?

[Shéi xǐhuan gǒu?]

18 내 남동생이 개를 좋아한다.

我弟弟喜欢狗。

[Wǒ dìdi xǐhuan gǒu.]

19 누가 봄을 좋아하니?

谁喜欢春天?

[Shéi xǐhuan chūntiān?]

20 내가 봄을 좋아한다.

我喜欢春天。

[Wǒ xǐhuan chūntiān.]

38강   이것은 무엇이니?

문장 구조

这 + 是 + 什么?
이것   ~이다   무엇

Zhè   shì   shénme

중국어 의문문 '什么'

'什么(shénme)'는 '무엇'이라는 뜻을 가진 의문대명사로 일반 문장에서 목적어 대신에 '什么'를 쓰면 '무엇을 ~ ?'이라는 의미를 나타냅니다.

예문
这是什么? Zhè shì shénme? (이것은 무엇이니?)
你看什么? Nǐ kàn shénme? (너는 무엇을 보니?)

什么	무엇	椅子	의자
shénme		yǐzi	

你们	너희	坐	타다
nǐmen		zuò	

飞机	비행기
fēijī	

这 Zhè	**是** **shì**	什么? shénme?	이것은 무엇이니?
那 Nà			그것은 무엇이니?
你 Nǐ	看 kàn	什么? shénme?	너는 무엇을 보니?
	听 tīng		너는 무엇을 듣니?
	吃 chī		너는 무엇을 먹니?
	喝 hē		너는 무엇을 마시니?
	喜欢 xǐhuan		너는 무엇을 좋아하니?
	学 xué		너는 무엇을 배우니?
	坐 zuò		너는 무엇을 타니?
	买 mǎi		너는 무엇을 사니?

문장듣고따라하기

这是<mark>什么</mark>?
Zhè shì shénme? 이것은 무엇이니?

这是雨伞。
Zhè shì yǔsǎn. 이것은 우산이다.

那是<mark>什么</mark>?
Nà shì shénme? 그것은 무엇이니?

那是椅子。
Nà shì yǐzi. 그것은 의자이다.

你看<mark>什么</mark>?
Nǐ kàn shénme? 너는 무엇을 보니?

我看书。
Wǒ kàn shū. 나는 책을 본다.

你听<mark>什么</mark>?
Nǐ tīng shénme? 너는 무엇을 듣니?

我听音乐。
Wǒ tīng yīnyuè. 나는 음악을 듣는다.

他吃<mark>什么</mark>?
Tā chī shénme? 그는 무엇을 먹니?

他吃饭。
Tā chī fàn. 그는 밥을 먹는다.

他喝什么?
Tā hē shénme? 　　　　　그는 무엇을 마시니?

他喝可乐。
Tā hē kělè. 　　　　　그는 콜라를 마신다.

她喜欢什么?
Tā xǐhuan shénme? 　　　그녀는 무엇을 좋아하니?

她喜欢动物。
Tā xǐhuan dòngwù. 　　　그녀는 동물을 좋아한다.

她学什么?
Tā xué shénme? 　　　　그녀는 무엇을 배우니?

她学汉语。
Tā xué Hànyǔ. 　　　　　그녀는 중국어를 배운다.

你们坐什么?
Nǐmen zuò shénme? 　　　너희는 무엇을 타니?

我们坐飞机。
Wǒmen zuò fēijī. 　　　　우리는 비행기를 탄다.

你们买什么?
Nǐmen mǎi shénme? 　　　너희는 무엇을 사니?

我们买礼物。
Wǒmen mǎi lǐwù. 　　　　우리는 선물을 산다.

배운 문장 **연습**하기

빈칸에 우리말 뜻에 맞는 중국어 문장과 발음을 써 보고,
소리 내어 읽으면서 연습해 보세요.

01 이것은 무엇이니?

문장
쓰기

발음
쓰기 [   ]

02 이것은 우산이다.

[   ]

03 그것은 무엇이니?

[   ]

04 그것은 의자이다.

[   ]

05 너는 무엇을 보니?

[   ]

06 나는 책을 본다.

[   ]

07 너는 무엇을 듣니?

[   ]

08 나는 음악을 듣는다.

[   ]

09 그는 무엇을 먹니?

[   ]

10 그는 밥을 먹는다.

[   ]

01 이것은 무엇이니?

문장
쓰기 这是什么?

발음
쓰기 [Zhè shì shénme?]

02 이것은 우산이다.

这是雨伞。

[Zhè shì yǔsǎn.]

03 그것은 무엇이니?

那是什么?

[Nà shì shénme?]

04 그것은 의자이다.

那是椅子。

[Nà shì yǐzi.]

05 너는 무엇을 보니?

你看什么?

[Nǐ kàn shénme?]

06 나는 책을 본다.

문장
쓰기 我看书。

발음
쓰기 [Wǒ kàn shū.]

07 너는 무엇을 듣니?

你听什么?

[Nǐ tīng shénme?]

08 나는 음악을 듣는다.

我听音乐。

[Wǒ tīng yīnyuè.]

09 그는 무엇을 먹니?

他吃什么?

[Tā chī shénme?]

10 그는 밥을 먹는다.

他吃饭。

[Tā chī fàn.]

11 그는 무엇을 마시니?

문장
쓰기

발음
쓰기 [   ]

12 그는 콜라를 마신다.

[   ]

13 그녀는 무엇을 좋아하니?

[   ]

14 그녀는 동물을 좋아한다.

[   ]

15 그녀는 무엇을 배우니?

[   ]

16 그녀는 중국어를 배운다.

문장
쓰기

발음
쓰기 [   ]

17 너희는 무엇을 타니?

[   ]

18 우리는 비행기를 탄다.

[   ]

19 너희는 무엇을 사니?

[   ]

20 우리는 선물을 산다.

[   ]

11   그는 무엇을 마시니?

문장
쓰기   他喝什么?

발음
쓰기   [Tā hē shénme?   ]

12   그는 콜라를 마신다.

他喝可乐。

[Tā hē kělè.   ]

13   그녀는 무엇을 좋아하니?

她喜欢什么?

[Tā xǐhuan shénme?   ]

14   그녀는 동물을 좋아한다.

她喜欢动物。

[Tā xǐhuan dòngwù.   ]

15   그녀는 무엇을 배우니?

她学什么?

[Tā xué shénme?   ]

16 그녀는 중국어를 배운다.

문장
쓰기 她学汉语。

발음
쓰기 [Tā xué Hànyǔ.]

17 너희는 무엇을 타니?

你们坐什么?

[Nǐmen zuò shénme?]

18 우리는 비행기를 탄다.

我们坐飞机。

[Wǒmen zuò fēijī.]

19 너희는 무엇을 사니?

你们买什么?

[Nǐmen mǎi shénme?]

20 우리는 선물을 산다.

我们买礼物。

[Wǒmen mǎi lǐwù.]

39강   너는 언제 한국에 오니?

문장구조

你 + 什么时候 + 동사 + ☐ ?

너는   언제

Nǐ   shénmeshíhou

중국어 의문문 '什么时候'

'什么时候(shénmeshíhou)'는 '언제'라는 뜻을 가진 의문대명사입니다. 일반 문장에서 동사 앞부분에 '什么时候'를 쓰면 '언제 ~?'라는 의미를 나타냅니다.

예문 你什么时候来韩国?

Nǐ shénmeshíhou lái Hánguó? (너는 언제 한국에 오니?)

你什么时候去旅游?

Nǐ shénmeshíhou qù lǚyóu? (너는 언제 여행 가니?)

대답할 때에는 동사 앞부분에 시간을 나타내는 단어를 넣습니다.

예문 我今天来韩国。

Wǒ jīntiān lái Hánguó. (나는 오늘 한국에 온다.)

什么时候 언제		早上	아침
shénmeshíhou		zǎoshang	
晚上 저녁		周末	주말
wǎnshang		zhōumò	

你 什么时候 来		
Nǐ shénmeshíhou lái	韩国? Hánguó?	언제 한국에 오니?
	中国? Zhōngguó?	언제 중국에 오니?

你 什么时候 去		
Nǐ shénmeshíhou qù	旅游? lǚyóu?	언제 여행 가니?
	图书馆? túshūguǎn?	언제 도서관 가니?

你 什么时候 看		
Nǐ shénmeshíhou kàn	书? shū?	언제 책 보니?
	报纸? bàozhǐ?	언제 신문 보니?

你 什么时候 听		
Nǐ shénmeshíhou tīng	音乐? yīnyuè?	언제 음악 듣니?
	课? kè?	언제 수업 듣니?

你 什么时候 学		
Nǐ shénmeshíhou xué	汉语? Hànyǔ?	언제 중국어를 배우니?
	英语? Yīngyǔ?	언제 영어를 배우니?

문장듣고따라하기

你什么时候来韩国?
Nǐ shénmeshíhou lái Hánguó?　　너는 언제 한국에 오니?

我今天来韩国。
Wǒ jīntiān lái Hánguó.　　나는 오늘 한국에 온다.

你什么时候来中国?
Nǐ shénmeshíhou lái Zhōngguó?　　너는 언제 중국에 오니?

我今天来中国。
Wǒ jīntiān lái Zhōngguó.　　나는 오늘 중국에 온다.

你什么时候去旅游?
Nǐ shénmeshíhou qù lǚyóu?　　너는 언제 여행 가니?

我明天去旅游。
Wǒ míngtiān qù lǚyóu.　　나는 내일 여행 간다.

你什么时候去图书馆?
Nǐ shénmeshíhou qù túshūguǎn?　　너는 언제 도서관에 가니?

我明天去图书馆。
Wǒ míngtiān qù túshūguǎn.　　나는 내일 도서관에 간다.

你什么时候看书?
Nǐ shénmeshíhou kàn shū?　　너는 언제 책을 보니?

我早上看书。
Wǒ zǎoshang kàn shū.　　나는 아침에 책을 본다.

你什么时候看报纸?
Nǐ shénmeshíhou kàn bàozhǐ?　　　너는 언제 신문을 보니?

我早上看报纸。
Wǒ zǎoshang kàn bàozhǐ.　　　　나는 아침에 신문을 본다.

你什么时候听音乐?
Nǐ shénmeshíhou tīng yīnyuè?　　너는 언제 음악을 듣니?

我晚上听音乐。
Wǒ wǎnshang tīng yīnyuè.　　　나는 저녁에 음악을 듣는다.

你什么时候听课?
Nǐ shénmeshíhou tīng kè?　　　너는 언제 수업을 듣니?

我晚上听课。
Wǒ wǎnshang tīng kè.　　　　나는 저녁에 수업을 듣는다.

你什么时候学汉语?
Nǐ shénmeshíhou xué Hànyǔ?　　너는 언제 중국어를 배우니?

我星期一学汉语。
Wǒ xīngqīyī xué Hànyǔ.　　　나는 월요일에 중국어를 배운다.

你什么时候学英语?
Nǐ shénmeshíhou xué Yīngyǔ?　　너는 언제 영어를 배우니?

我周末学英语。
Wǒ zhōumò xué Yīngyǔ.　　　나는 주말에 영어를 배운다.

배운 문장 연습하기

빈칸에 우리말 뜻에 맞는 중국어 문장과 발음을 써 보고,
소리 내어 읽으면서 연습해 보세요.

01 너는 언제 한국에 오니?

문장
쓰기

발음
쓰기 [   ]

02 나는 오늘 한국에 온다.

[   ]

03 너는 언제 중국에 오니?

[   ]

04 나는 오늘 중국에 온다.

[   ]

05 너는 언제 여행 가니?

[   ]

06 나는 내일 여행 간다.

문장
쓰기

발음
쓰기 [   ]

07 너는 언제 도서관에 가니?

[   ]

08 나는 내일 도서관에 간다.

[   ]

09 너는 언제 책을 보니?

[   ]

10 나는 아침에 책을 본다.

[   ]

01 너는 언제 한국에 오니?

문장
쓰기 你什么时候来韩国?

발음
쓰기 [Nǐ shénmeshíhou lái Hánguó?]

02 나는 오늘 한국에 온다.

我今天来韩国。

[Wǒ jīntiān lái Hánguó.]

03 너는 언제 중국에 오니?

你什么时候来中国?

[Nǐ shénmeshíhou lái Zhōngguó?]

04 나는 오늘 중국에 온다.

我今天来中国。

[Wǒ jīntiān lái Zhōngguó.]

05 너는 언제 여행 가니?

你什么时候去旅游?

[Nǐ shénmeshíhou qù lǚyóu?]

06 나는 내일 여행 간다.

문장
쓰기 我明天去旅游。

발음
쓰기 [Wǒ míngtiān qù lǚyóu.]

07 너는 언제 도서관에 가니?

你什么时候去图书馆?

[Nǐ shénmeshíhou qù túshūguǎn?]

08 나는 내일 도서관에 간다.

我明天去图书馆。

[Wǒ míngtiān qù túshūguǎn.]

09 너는 언제 책을 보니?

你什么时候看书?

[Nǐ shénmeshíhou kàn shū?]

10 나는 아침에 책을 본다.

我早上看书。

[Wǒ zǎoshang kàn shū.]

11 너는 언제 신문을 보니?

문장
쓰기

발음
쓰기 [   ]

12 나는 아침에 신문을 본다.

[   ]

13 너는 언제 음악을 듣니?

[   ]

14 나는 저녁에 음악을 듣는다.

[   ]

15 너는 언제 수업을 듣니?

[   ]

16 나는 저녁에 수업을 듣는다.

문장
쓰기

발음
쓰기 [   ]

17 너는 언제 중국어를 배우니?

[   ]

18 나는 월요일에 중국어를 배운다.

[   ]

19 너는 언제 영어를 배우니?

[   ]

20 나는 주말에 영어를 배운다.

[   ]

11 너는 언제 신문을 보니?

문장
쓰기 你什么时候看报纸?

발음
쓰기 [Nǐ shénmeshíhou kàn bàozhǐ?]

12 나는 아침에 신문을 본다.

我早上看报纸。

[Wǒ zǎoshang kàn bàozhǐ.]

13 너는 언제 음악을 듣니?

你什么时候听音乐?

[Nǐ shénmeshíhou tīng yīnyuè?]

14 나는 저녁에 음악을 듣는다.

我晚上听音乐。

[Wǒ wǎnshang tīng yīnyuè.]

15 너는 언제 수업을 듣니?

你什么时候听课?

[Nǐ shénmeshíhou tīng kè?]

16 나는 저녁에 수업을 듣는다.

문장
쓰기 我晚上听课。

발음
쓰기 [Wǒ wǎnshang tīng kè.]

17 너는 언제 중국어를 배우니?

你什么时候学汉语？

[Nǐ shénmeshíhou xué Hànyǔ?]

18 나는 월요일에 중국어를 배운다.

我星期一学汉语。

[Wǒ xīngqīyī xué Hànyǔ.]

19 너는 언제 영어를 배우니?

你什么时候学英语？

[Nǐ shénmeshíhou xué Yīngyǔ?]

20 나는 주말에 영어를 배운다.

我周末学英语。

[Wǒ zhōumò xué Yīngyǔ.]

40강

너는 어디 가니?
너는 어디에서 일하니?

문장 구조

你 + 去 + 哪儿?

너는　　가다　　어디

Nǐ　　qù　　nǎr

你 + 在 + 哪儿 + ☐ ?

너는　~에서　　어디

Nǐ　　zài　　nǎr

哪儿	어디	工作	일하다
nǎr		gōngzuò	

学习	공부하다	做	하다
xuéxí		zuò	

运动	운동	运动场	운동장
yùndòng		yùndòngchǎng	

东西	물건
dōngxi	

중국어 의문문 '哪儿'

'哪儿(nǎr)'은 '어디'라는 뜻을 가진 의문대명사입니다. '去(가다)'나 '在(~에 있다)' 등의 동사 뒤에 쓰면 '어디 가니?' 또는 '어디 있니?'라는 뜻을 나타냅니다.

예문　你去哪儿? Nǐ qù nǎr? (너는 어디 가니?)

'在哪儿(어디에서)' 뒤에 동사를 넣으면 '어디에서 ~하니?'라는 뜻의 의문문이 됩니다.

예문　你在哪儿工作? Nǐ zài nǎr gōngzuò? (너는 어디에서 일하니?)

你 去 哪儿?　　너는 어디 가니?
Nǐ qù nǎr?

你 在 哪儿?　　너는 어디 있니?
Nǐ zài nǎr?

你 在 哪儿
Nǐ zài nǎr

工作? gōngzuò?	어디에서 일하니?
学习汉语? xuéxí Hànyǔ?	어디에서 중국어를 공부하니?
吃早饭? chī zǎofàn?	어디에서 아침밥을 먹니?
做运动? zuò yùndòng?	어디에서 운동하니?
喝咖啡? hē kāfēi?	어디에서 커피를 마시니?
买东西? mǎi dōngxi?	어디에서 물건을 사니?

문장듣고따라하기

你去哪儿?
Nǐ qù nǎr?　　　　　　　너는 어디 가니?
我去地铁站。
Wǒ qù dìtiězhàn.　　　　나는 지하철역에 간다.

他去哪儿?
Tā qù nǎr?　　　　　　　그는 어디 가니?
他去邮局。
Tā qù yóujú.　　　　　　그는 우체국에 간다.

你在哪儿?
Nǐ zài nǎr?　　　　　　　너는 어디 있니?
我在家。
Wǒ zài jiā.　　　　　　　나는 집에 있다.

她在哪儿?
Tā zài nǎr?　　　　　　　그녀는 어디 있니?
她在公司。
Tā zài gōngsī.　　　　　그녀는 회사에 있다.

你在哪儿工作?
Nǐ zài nǎr gōngzuò?　　　너는 이디에시 일하니?
我在首尔工作。
Wǒ zài Shǒu'ěr gōngzuò.　나는 서울에서 일한다.

你在哪儿学习汉语?
Nǐ zài nǎr xuéxí Hànyǔ? 너는 어디에서 중국어를 공부하니?
我在图书馆学习汉语。
Wǒ zài túshūguǎn xuéxí Hànyǔ. 나는 도서관에서 중국어를 공부한다.

你在哪儿吃早饭?
Nǐ zài nǎr chī zǎofàn? 너는 어디에서 아침밥을 먹니?
我在餐厅吃早饭。
Wǒ zài cāntīng chī zǎofàn. 나는 음식점에서 아침밥을 먹는다.

你在哪儿做运动?
Nǐ zài nǎr zuò yùndòng? 너는 어디에서 운동하니?
我在运动场做运动。
Wǒ zài yùndòngchǎng zuò yùndòng. 나는 운동장에서 운동한다.

你在哪儿喝咖啡?
Nǐ zài nǎr hē kāfēi? 너는 어디에서 커피를 마시니?
我在咖啡厅喝咖啡。
Wǒ zài kāfēitīng hē kāfēi. 나는 카페에서 커피를 마신다.

你在哪儿买东西?
Nǐ zài nǎr mǎi dōngxi? 너는 어디에서 물건을 사니?
我在市场买东西。
Wǒ zài shìchǎng mǎi dōngxi. 나는 시장에서 물건을 산다.

배운 문장 연습하기

빈칸에 우리말 뜻에 맞는 중국어 문장과 발음을 써 보고,
소리 내어 읽으면서 연습해 보세요.

01 너는 어디 가니?

문장
쓰기

발음
쓰기 [   ]

02 나는 지하철역에 간다.

[   ]

03 그는 어디 가니?

[   ]

04 그는 우체국에 간다.

[   ]

05 너는 어디 있니?

[   ]

06 나는 집에 있다.

문장
쓰기

발음
쓰기 [   ]

07 그녀는 어디 있니?

[   ]

08 그녀는 회사에 있다.

[   ]

09 너는 어디에서 일하니?

[   ]

10 나는 서울에서 일한다.

[   ]

01 너는 어디 가니?

문장 쓰기 你去哪儿?

발음 쓰기 [Nǐ qù nǎr?]

02 나는 지하철역에 간다.

我去地铁站。

[Wǒ qù dìtiězhàn.]

03 그는 어디 가니?

他去哪儿?

[Tā qù nǎr?]

04 그는 우체국에 간다.

他去邮局。

[Tā qù yóujú.]

05 너는 어디 있니?

你在哪儿?

[Nǐ zài nǎr?]

06 나는 집에 있다.

문장
쓰기 我在家。

발음
쓰기 [Wǒ zài jiā.]

07 그녀는 어디 있니?

她在哪儿?

[Tā zài nǎr?]

08 그녀는 회사에 있다.

她在公司。

[Tā zài gōngsī.]

09 너는 어디에서 일하니?

你在哪儿工作?

[Nǐ zài nǎr gōngzuò?]

10 나는 서울에서 일한다.

我在首尔工作。

[Wǒ zài Shǒu'ěr gōngzuò.]

11 너는 어디에서 중국어를 공부하니?

문장
쓰기

발음
쓰기 [   ]

12 나는 도서관에서 중국어를 공부한다.

[   ]

13 너는 어디에서 아침밥을 먹니?

[   ]

14 나는 음식점에서 아침밥을 먹는다.

[   ]

15 너는 어디에서 운동하니?

[   ]

16 나는 운동장에서 운동한다.

[   ]

17 너는 어디에서 커피를 마시니?

[   ]

18 나는 카페에서 커피를 마신다.

[   ]

19 너는 어디에서 물건을 사니?

[   ]

20 나는 시장에서 물건을 산다.

[   ]

11 너는 어디에서 중국어를 공부하니?

문장
쓰기 你在哪儿学习汉语?

발음
쓰기 [Nǐ zài nǎr xuéxí Hànyǔ?]

12 나는 도서관에서 중국어를 공부한다.

我在图书馆学习汉语。

[Wǒ zài túshūguǎn xuéxí Hànyǔ.]

13 너는 어디에서 아침밥을 먹니?

你在哪儿吃早饭?

[Nǐ zài nǎr chī zǎofàn?]

14 나는 음식점에서 아침밥을 먹는다.

我在餐厅吃早饭。

[Wǒ zài cāntīng chī zǎofàn.]

15 너는 어디에서 운동하니?

你在哪儿做运动?

[Nǐ zài nǎr zuò yùndòng?]

16 나는 운동장에서 운동한다.

문장
쓰기 我在运动场做运动。

발음
쓰기 [Wǒ zài yùndòngchǎng zuò yùndòng.]

17 너는 어디에서 커피를 마시니?

你在哪儿喝咖啡?

[Nǐ zài nǎr hē kāfēi?]

18 나는 카페에서 커피를 마신다.

我在咖啡厅喝咖啡。

[Wǒ zài kāfēitīng hē kāfēi.]

19 너는 어디에서 물건을 사니?

你在哪儿买东西?

[Nǐ zài nǎr mǎi dōngxi?]

20 나는 시장에서 물건을 산다.

我在市场买东西。

[Wǒ zài shìchǎng mǎi dōngxi.]

〈 복습강 〉

정답

你是学生 □ ?

Nǐ shì xuésheng ___ ?

너는 학생이니?

吗, ma

你 □ 家吗?

Nǐ ___ jiā ma?

너는 집에 있니?

在, zài

他 □ 吗?

Tā ___ ma?

그는 수업을 듣니?

听课, tīng kè

她喜欢 □ 吗?

Tā xǐhuan ___ ma?

그녀는 중국 요리를 좋아하니?

中国菜,
zhōngguócài

你是 □ ?

Nǐ shì ___ ?

너는 누구니?

谁, shéi

那是 □ ?

Nà shì ▨ ?

그것은 무엇이니?

什么, shénme

你 □ 看书?

Nǐ ▨ kàn shū?

너는 언제 책을 보니?

什么时候,
shénmeshíhou

我 □ 看书。

Wǒ ▨ kàn shū.

나는 아침에 책을 본다.

早上, zǎoshang

你 □ 工作?

Nǐ ▨ gōngzuò?

너는 어디에서 일하니?

在哪儿, zài nǎr

我 □ 买东西。

Wǒ ▨ mǎi dōngxi.

나는 시장에서 물건을 산다.

在市场,
zài shìchǎng

중국어 기초 동사

한자	병음	뜻
爱	ài	사랑하다
吃	chī	먹다
穿	chuān	(옷, 양말 등을) 입다, 신다
工作	gōngzuò	일하다
关	guān	닫다, 끄다
喝	hē	마시다
开	kāi	열다, 켜다
看	kàn	보다
来	lái	오다
买	mǎi	사다
卖	mài	팔다
去	qù	가다
上	shàng	오르다, 타다
是	shì	~이다
说	shuō	말하다
听	tīng	듣다
洗	xǐ	씻다
下	xià	내려가다, (비 등이) 내리다
写	xiě	글씨를 쓰다
喜欢	xǐhuan	좋아하다
学	xué	배우다
学习	xuéxí	공부하다
有	yǒu	있다, 가지고 있다
在	zài	~에 있다
找	zhǎo	찾다
知道	zhīdào	알다
坐	zuò	타다, 앉다
做	zuò	하다